Georg Hentschel · 2 Samuel

Georg Hentschel

2 Samuel

Echter Verlag

Die Deutsche Bibliothek – CIP-Einheitsaufnahme

Die Neue Echter Bibel. – Würzburg : Echter.
Teilw. unter Mitarb. von Georg Braulik ...
Kommentar zum Alten Testament mit der Einheitsübersetzung / hrsg. von Josef G. Plöger und Josef Schreiner.
NE: Plöger, Josef G. [Hrsg.]; Braulik, Georg; Kommentar zum Alten Testament mit der Einheitsübersetzung
Lfg. 34. Hentschel, Georg: 2 Samuel. – 1994

Hentschel, Georg:
2 Samuel / Georg Hentschel. – Würzburg : Echter, 1994
(Die Neue Echter Bibel : Kommentar zum Alten Testament mit der Einheitsübersetzung ; Lfg. 34)
ISBN 3-429-01634-7
NE: Hentschel, Georg: Zwei Samuel

Gesamtherstellung: Echter Würzburg
Fränkische Gesellschaftsdruckerei und Verlag GmbH
ISBN 3-429-01634-7

Das zweite Buch Samuel

KÖNIG DAVID: 1^{1}–9^{13}

Sauls Tod und Davids Klage: 1^{1-27}

1^{1} Als David nach dem Tod Sauls von seinem Sieg über die Amalekiter
zurückgekehrt war und sich zwei Tage lang in Ziklag aufgehalten 1 Sam 30^{26}
hatte, ^{2} kam am dritten Tag ein Mann aus dem Lager Sauls, mit zerris- 1 Sam 4^{12} 31^{2}

1^{1-27} Nachdem David vom Tod Sauls und Jonatans erfahren hat $^{1-4}$, erkundigt er sich weiter nach den näheren Umständen $^{5-10}$. Daran schließt sich eine doppelte Reaktion an: Zum einen äußert er zusammen mit seinen Getreuen seine Bestürzung, klagt, weint und fastet $^{11.12}$. Zum anderen läßt er den Boten hinrichten, der behauptet, Saul den Todesstoß gegeben zu haben $^{13-16}$. Am Ende steht die bewegende Totenklage Davids um Saul und Jonatan $^{17-27}$.

$^{1-16}$ Die Erzählung von der Niederlage und dem Selbstmord Sauls in 1 Sam 31 hat uns bereits einen Eindruck von den tragischen Ereignissen vermittelt. Im hiesigen Bericht weicht der Amalekiter allerdings davon erheblich ab: Saul bittet nicht den Waffenträger um den Todesstoß ($31^{4.5}$), sondern den zufällig anwesenden Amalekiter (1^{9}). Saul muß sich nicht selbst in sein Schwert stürzen (31^{4}), sondern wird durch fremde Hand getötet (1^{10}). Lügt der Amalekiter? Rühmt er sich einer Tat, die er nie begangen hat? Der Leser, der die vorangegangene Erzählung (1 Sam 31) kennt, kann es kaum anders sehen. Woher hat der Amalekiter dann aber den Stirnreif und die Armspange, die er vorzeigt ^{10}? Warum spricht er nicht von Bogenschützen, die Saul schwer getroffen (31^{3}), sondern von Kriegswagen, die ihn umringt haben ^{6}? Warum ist von einem Waffenträger (31^{4-6}) nicht mehr die Rede? Diese Differenzen sprechen dafür, daß wir zwei parallele Erzählungen vor uns haben, die im Detail voneinander abweichen. Die erste (1 Sam 31) gehört der Saultradition an, die zweite (2 Sam 1) betrachtet das Ende Sauls von vornherein unter dem Aspekt des Aufstiegs Davids.

Der Erzähler hebt hervor: Der Amalekiter, der gegen den Gesalbten des Herrn seine Hand ausgestreckt und ihn getötet hat (1 Sam $24^{7.11}$ $26^{9.11.23}$), wird von David zum Tode verurteilt. David, der im Kampf Israels gegen die Philister auf der falschen Seite stand (1 Sam $28^{1.2}$ 29^{1-11}), wird auf diese Weise von aller Mitschuld freigesprochen. Er hat den, der meinte, ihm eine freudige Botschaft zu bringen und für den Todesstoß belohnt zu werden, hinrichten lassen (4^{10}). – Dahinter tritt die Trauer Davids über den Tod Sauls und seines Sohnes Jonatan ein wenig zurück. Es kann aber sein, daß die kurze Botschaft des Amalekiters $^{1-4}$ und die heftige Klage Davids und seiner Männer $^{11.12}$ eine ältere Tradition gebildet haben, in der von der Mitverantwortung des Amalekiters am Tode Sauls noch nicht die Rede war.

^{2} Unheilsboten überbrachten ihre Nachrichten »mit zerrissenen Kleidern und Staub auf dem Haupt«

senen Kleidern und Staub auf dem Haupt. Als er bei David angelangt
14^{4} war, warf er sich (vor ihm) auf den Boden nieder und huldigte ihm. 3
1 Sam $4^{16.17}$ David fragte ihn: Woher kommst du? Er antwortete ihm: Ich habe
mich aus dem Lager Israels gerettet. 4 David sagte zu ihm: Wie stehen
die Dinge? Berichte mir! Er erwiderte: Das Volk ist aus dem Kampf
geflohen, viele von den Männern sind gefallen und umgekommen;
auch Saul und sein Sohn Jonatan sind tot. 5 David fragte den jungen
Mann, der ihm die Nachricht brachte: Woher weißt du, daß Saul und
1 Sam 31^{2-6} sein Sohn Jonatan tot sind? 6 Der junge Mann, der ihm die Nachricht
brachte, sagte: Ich kam zufällig auf das Gebirge von Gilboa; da sah
ich, wie sich Saul auf seinen Speer stützte und Kriegswagen und Reiter
auf ihn eindrangen. 7 Er wandte sich um, und als er mich sah, rief er
mich. Ich antwortete: Hier bin ich. 8 Er fragte mich: Wer bist du? Ich
1 Sam 31^{4} gab ihm zur Antwort: Ich bin ein Amalekiter. 9 Da sagte er zu mir:
Ri 9^{54} Komm her zu mir, und töte mich! Denn mich hat ein Schwächeanfall
erfaßt, aber noch ist alles Leben in mir. 10 Ich ging also zu ihm hin und
tötete ihn; denn ich wußte, daß er seine Niederlage nicht überleben
würde. Dann nahm ich den Stirnreif, den er auf dem Kopf trug, und
die Spange, die er am Arm hatte, und bringe sie nun hierher zu meinem
Herrn. 11 Da faßte David sein Gewand und zerriß es, und ebenso
(machten es) alle Männer, die bei ihm waren. 12 Sie klagten, weinten
1 Sam 31^{13} und fasteten bis zum Abend wegen Saul, seines Sohnes Jonatan, des
Jos 7^{6} Volkes des Herrn und des Hauses Israel, die unter dem Schwert gefal-
len waren. 13 Und David fragte den jungen Mann, der ihm die Nach-
richt gebracht hatte: Woher bist du? Er antwortete: Ich bin der Sohn
eines Einwanderers aus Amalek. 14 David fragte ihn: Wie kommt es,
1 Sam 24^{7} 26^{9} daß du dich nicht davor gefürchtet hast, deine Hand auszustrecken,
$4^{10.12}$ um den Gesalbten des Herrn umzubringen? 15 Darauf rief David einen

(1 Sam 4^{12}). 3 Wenn sich der junge Mann aus dem Lager Israels »gerettet« hat, dann hatte er mitgekämpft. Erst die jüngere Erweiterung machte aus ihm einen unbeteiligten, der rein zufällig 6 Saul begegnete. 4 Der Amalekiter erwähnt nur den Tod Sauls und Jonatans und entspricht damit der Totenklage Davids $^{17.21-26}$. Die vorangegangene Erzählung nannte darüber hinaus die Söhne Abinadab und Malkischua (31^{2}). 6 Sollten die Philister mit ihren Kriegswagen (1 Sam 13^{5}) auf das Gebirge Gilboa hinaufgefahren sein? Zu einem Kriegswagen gehörte allerdings oft ein Bogenschütze (1 Sam 31^{3}). 9 Von der Furcht Sauls, den Philistern lebend in die Hände zu fallen (31^{4}), ist nicht die Rede. Saul bat wie einst Abimelech (Ri 9^{54}) um einen Gnadenstoß. 10 Der Stirnreif war das Zeichen der königlichen Würde (2 Kön 11^{12} Ps 89^{40}). Die Armspange war bei ägyptischen und assyrischen Herrschern beliebt. $^{11.12}$ Trauernde zerrissen ihre Kleider (Gen 37^{34} Jos 7^{6} 1 Sam 4^{12} 2 Sam 13^{31}), sie weinten (Gen 37^{35} 2 Sam 18^{33}) und fasteten (1 Sam 31^{13} 2 Sam 3^{35}). Die Bezeichnungen »Volk des Herrn« und »Haus Israel« werden synonym gebraucht (2 Kön 9^{6}). 13 Daß ein Amalekiter als Fremder *(ger)* in Israel aufgenommen

von seinen jungen Männern zu sich und sagte: Komm her, stoß ihn
nieder! Und er schlug ihn tot. 16 David aber sagte zu ihm: Dein Blut 3^{29}
über dein Haupt; denn dein Mund hat dich verurteilt, als du sagtest: 1 Kön 2^{37}
Ich habe den Gesalbten des Herrn getötet. Mt 27^{25}
17 Und David sang die folgende Totenklage auf Saul und seinen Sohn 3^{33} 2 Chr 35^{25}
Jonatan; 18 er sagte, man solle es die Söhne Judas als Bogenlied lehren; Jos 10^{13}
es steht im »Buch des Aufrechten«:

19 Israel, dein Stolz
liegt erschlagen auf deinen Höhen.
Ach, die Helden sind gefallen! 1 Makk 9^{21}
20 Meldet es nicht in Gat, 1 Sam 31^{9} Ri $16^{23.24}$
verkündet es nicht auf Aschkelons Straßen, 1 Sam 18^{7} 21^{12}
damit die Töchter der Philister sich nicht freuen, 29^{5}
damit die Töchter der Unbeschnittenen nicht jauchzen.
21 Ihr Berge in Gilboa, kein Tau und kein Regen 1 Sam 31^{1}
falle auf euch, ihr trügerischen Gefilde. Ijob $3^{3.4}$
Denn dort wurde der Schild der Helden befleckt,
der Schild des Saul, als wäre er nicht mit Öl gesalbt. Jes 21^{5}
22 Ohne das Blut von Erschlagenen,
ohne das Mark der Helden
kam der Bogen Jonatans nie zurück; 1 Sam 13^{3} 14^{13}

1^{21} Ihr trügerischen Gefilde: Korrektur. M bietet »Gefilde der Weihegaben«.

wurde, ist bemerkenswert (Ex 17^{16} Dtn 25^{17-19} 1 Sam 15). 16 Die Formel »dein Blut über dein Haupt« (1 Kön 2^{37}) rechtfertigte die Todesstrafe und schützte den, der sie vollstreckte, vor Vergeltung.

17.18 Der eigentlichen Totenklage 19–27 ist eine Einleitung vorangestellt, die den Urheber, die Namen der Gefallenen und die Quelle nennt. Daß diese Klage auf David selbst zurückgeht, läßt sich weder beweisen noch bestreiten. »Bogenlied« (*qæšæt*= Bogen) könnte einmal der Titel der Klage gewesen sein; das Wort »Bogen« wird allerdings nur einmal gebraucht 22. Im »Buch des Aufrechten« (Jos $10^{12.13}$) waren vielleicht einmal die Heldentaten der Israeliten verzeichnet. Wir kennen darüber hinaus ein »Buch der Kriege des Herrn« (Num $21^{14.15}$). 19–27 Ein Kehrvers gliedert die Totenklage *(qīnāh)* um Saul und Jonatan in zwei Abschnitte 19–24 und 25–27. Dieser Refrain wird durch ein Wort eingeleitet, das »ach« (Jer 9^{18}) oder »weh« (Klgl 1^{1} 2^{1} 4^{1}) bedeutet. Innerhalb einer Totenklage kann ein Verstorbener persönlich angesprochen werden, wie es hier auf dem Höhepunkt mit Jonatan geschieht 26.

19 Saul und Jonatan werden als Helden bezeichnet. Damit ruht der Akzent auf ihrem Mut, ihrer Tapferkeit und ihrem Erfolg im Kampf 22. Daß der Herr den Sieg verleiht, wird hier nicht gesagt. 20 Der Siegesjubel war eine Sache der Frauen (1 Sam $18^{6.7}$ 21^{12} 29^{5}). Es mußte natürlich ein frommer Wunsch bleiben, daß die jungen Frauen in Gat und Aschkelon nichts vom Tod der Israeliten erfuhren. 21 Der Fluch sollte das Gebirge Gilboa unfruchbar machen. Die ledernen Schilde wurden vor dem Kampf mit Öl eingerieben. 23 Von

1 Sam $14^{20.47.48}$ auch das Schwert Sauls
Jes 34^{6} kehrte niemals erfolglos zurück.
23 Saul und Jonatan, die Geliebten und Teuren,
im Leben und Tod sind sie nicht getrennt.
Jer 4^{13} Hab 1^{8} Sie waren schneller als Adler,
Ri 14^{18} waren stärker als Löwen.
24 Ihr Töchter Israels, um Saul müßt ihr weinen;
er hat euch in köstlichen Purpur gekleidet,
Ez 16^{11} hat goldenen Schmuck auf eure Gewänder geheftet.
25 Ach, die Helden sind gefallen mitten im Kampf.
Jonatan liegt erschlagen auf deinen Höhen.
1 Sam $18^{1.3.4}$ 26 Weh ist mir um dich, mein Bruder Jonatan.
Du warst mir sehr lieb.
Wunderbarer war deine Liebe für mich
als die Liebe der Frauen.
27 Ach, die Helden sind gefallen,
die Waffen des Kampfes verloren.

David wird König von Juda: 2^{1-11}

1 Sam $23^{2.4}$ 2 1 Danach befragte David den Herrn: Soll ich in eine der Städte Judas hinaufziehen? Der Herr antwortete ihm: Zieh hinauf! David fragte:

den erheblichen Spannungen zwischen Saul und Jonatan (1 Sam 20^{30-34}) ist keine Rede mehr. Der Adler galt als der schnellste Vogel (Dtn 28^{49} Spr 23^{5} Klgl 4^{19}), der Löwe als Symbol der Stärke (Ri 14^{18} 2 Sam 17^{10}). 24 Der erste Abschnitt der Klage schließt mit dem Hinweis auf die Verdienste Sauls, der einst als Beute Purpurgewänder und Gold mitgebracht hat. War es die Aufgabe der Frauen, die heimkehrenden siegreichen Helden zu begrüßen 20, so oblag es ihnen auch, nach einer Niederlage zu klagen und zu trauern. 26 Die persönliche Anrede hebt die Klage um Jonatan besonders heraus. Auch die Prosaerzählungen (1 Sam $18^{1.3.4}$ 19^{1-7} 20^{1-42} 23^{15b-18}) bezeugen die Freundschaft zwischen David und Jonatan. David bekennt im Augenblick der Trauer sogar, daß ihm die Verbundenheit mit Jonatan über alles ging. Da David aber bis ins hohe Alter den Frauen zugeneigt war, kann seine Beziehung zu Jonatan kaum als homosexuelle mißverstanden werden (vgl. Lev 18^{22} 20^{13}).

2^{1-11} David wird in Hebron zunächst nur zum König von Juda gesalbt 1–4a. Denn im Norden – vor allem in Jabesch-Gilead – hat Saul noch treue Anhänger; ihnen schickt David einen diplomatisch gehaltenen Brief 4b–7. Sauls Sohn Ischbaal übernimmt die Herrschaft über Israel 8–11.

1–4a Die Befragung des Herrn 1 wird gerafft dargestellt. Vermutlich mußte in einer längeren Prozedur das Los entscheiden (vgl. 1 Sam 14^{40-42}). Der Erzähler legt Wert darauf, daß sich David vom Herrn leiten läßt und nicht etwa aus Angst vor den mächtigen Philistern nach Hebron ausweicht. Da Hebron die höchstgelegene Stadt Palästinas ist (über

Wohin soll ich ziehen? Er antwortete: Nach Hebron. 2 David zog also — 1 Sam 30^{31}
nach Hebron mit seinen beiden Frauen, Ahinoam aus Jesreël und Abiga- — 1 Sam $25^{42.43}$
jil, der (früheren) Frau Nabals aus Karmel. 3 Auch die Männer, die bei
ihm waren, führte David hinauf, jeden mit seiner Familie, und sie lie- — 1 Sam 22^{2} 27^{2}
ßen sich in den Städten um Hebron nieder. 4 Dann kamen die Männer — 5^{3} 1 Sam 16^{13}
Judas (nach Hebron) und salbten David dort zum König über das — 1 Makk 2^{57}
Haus Juda.
Als man David berichtete, daß die Einwohner von Jabesch-Gilead Saul — 1 Sam $31^{12.13}$
begraben hatten, 5 schickte er Boten zu den Männern von Jabesch-Gi-
lead und ließ ihnen sagen: Ihr sollt vom Herrn gesegnet sein, weil ihr — Rut 2^{20}
Saul, eurem Herrn, dieses Wohlwollen erwiesen und ihn begraben — 1 Sam 23^{21}
habt. 6 Möge der Herr euch jetzt auch sein Wohlwollen und seine
Treue erweisen; auch ich will euch dafür Gutes tun, daß ihr das getan
habt. 7 Nun aber zeigt euren Mut, und seid tapfer; denn Saul, euer
Herr, ist tot, mich aber hat das Haus Juda zu seinem König gesalbt. 8 — 1 Sam 14^{50}
Doch Abner, der Sohn Ners, der Heerführer Sauls, hatte Ischbaal, den — 1 Chr 8^{33}
Sohn Sauls, mit sich nach Mahanajim genommen 9 und ihn (dort) zum — Jos 13^{26}
König über Gilead, Ascher, Jesreël, Efraim und Benjamin und über — Ri 1^{32}

2^{9} Ascher: so T. M spricht von »Aschuritern«.

900 m), verwundert es nicht, wenn das Verbum »hinaufsteigen« zum Leitwort der Szene geworden ist. Nachdem David die bei seinen Streifzügen erworbene Beute regelmäßig nach Hebron geschickt hat (1 Sam $30^{26–31}$), erheben ihn die Vertreter des Stammes Juda zum König.

$^{4b–7}$ Die Beisetzung der Gebeine Sauls durch die Bewohner von Jabesch in Gilead (1 Sam $31^{11–13}$) kommt recht bald auch David zu Ohren ^{4b}. David lobt das pietätvolle Verhalten der Jabeschiter (vgl. $21^{12–14}$), sie haben Saul »Wohlwollen erwiesen« (vgl. Rut 1^{8}). Zugleich fordert er die ostjordanischen Bürger auf, mutig zu handeln (vgl. Ri 7^{11} Ez 22^{14} Sach $8^{9.13}$) und tapfer zu sein (vgl. 1 Sam 14^{52} 18^{17}). Sollen sie sich für das Haus Sauls, »ihres Herrn«, einsetzen (vgl. 2 Kön $10^{2.3}$) oder sich für den neuen König Judas entscheiden? Wir können den Worten Davids nicht eindeutig entnehmen, was er von den Bürgern in Jabesch erwartet. Wir hören auch nichts darüber, wie sie reagiert haben. Der Erzähler will offenbar nur betonen, daß David die Bürger von Jabesch er- und nicht entmutigt. – Ein Bearbeiter hat David einen Segenswunsch in den Mund gelegt ^{6}. Der gesalbte König Judas verspricht den Männern von Jabesch, sich ihnen gegenüber so zu verhalten, wie er es von Gott erhofft. Die Erweiterung ist an einem etwas anderen Sprachgebrauch zu erkennen; außerdem wird die Konjunktion von ^{7} (»nun aber«) schon in ^{6} vorweggenommen.

$^{8–11}$ Saul hatte noch einen weiteren Sohn namens Ischbaal, der bislang nicht erwähnt worden war (1 Sam 14^{49}). Er hatte am Kampf gegen die Philister noch nicht teilgenommen (1 Sam 31^{2}) und war deshalb am Leben geblieben. Da Ischbaal vermutlich noch recht jung war (anders ^{10}), ergriff Abner (1 Sam 26^{14}) die Initiative, brachte Ischbaal nach Mahanajim und erhob ihn zum König. Damit erwies sich der Heerführer als der

4^{5} ganz Israel gemacht. 10 Sauls Sohn Ischbaal war vierzig Jahre alt, als er
König von Israel wurde, und er war zwei Jahre König; nur das Haus
Juda stand hinter David. 11 Die Zeit, die David in Hebron König über
5^{5} das Haus Juda war, betrug sieben Jahre und sechs Monate.

Der Krieg zwischen David und Ischbaal: 2^{12}–3^{1}

Jos 9^{3} 18^{25} 12 Abner, der Sohn Ners, zog mit den Knechten Ischbaals, des Sohnes
1 Chr 2^{16} Sauls, von Mahanajim nach Gibeon. 13 Auch Joab, der Sohn der
Zeruja, und die Knechte Davids waren ausgezogen; sie trafen mit ih-
Jer 41^{12} nen am Teich von Gibeon zusammen. Die einen blieben diesseits, die
anderen jenseits des Teiches. 14 Da sagte Abner zu Joab: Die jungen
1 Sam $17^{8.9}$ Männer könnten doch zu einem Kampfspiel vor uns antreten. Joab er-
widerte: Sie sollen antreten. 15 Sie stellten sich also auf, und es wurde
1 Sam 22^{7} abgezählt: zwölf für Benjamin und Ischbaal, den Sohn Sauls, und
zwölf von den Leuten Davids. 16 Jeder faßte seinen Gegner am Kopf
und stieß ihm das Schwert in die Seite, so daß alle miteinander fielen.

starke Mann in Israel (vgl. 3^{7-11}). Ischbaal erhob Anspruch auf Ascher, Jesreël, Efraim und Benjamin; allerdings konnte er sich nur in Gilead – und damit in Mahanajim – vor den Philistern sicher fühlen. Ein späterer Bearbeiter hat die Herrschaft Ischbaals auf »ganz Israel« ausgedehnt. Dadurch versteht man jetzt nicht mehr, warum zuvor einzelne Gebiete aufgeführt werden.

Alter und Regierungszeit werden von dtr Hand angefügt. Diesen Angaben kann man aber nicht ganz trauen. Wäre Ischbaal schon vierzig Jahre alt gewesen, dann hätte er auch am Kampf gegen die Philister teilgenommen (vgl. 1 Sam 31^{2}). Wenn man von zwei Jahren sprach, gebrauchte man im Hebräischen in der Regel den Dual (1 Kön 15^{25} 16^{8} 2 Kön 15^{23}), den wir hier aber vermissen. Die sechseinhalb Jahre, die David in Hebron allein über Juda regierte, legen nahe, daß Ischbaal ähnlich lange über Israel geherrscht hat. Der dtr Redaktor nimmt im übrigen mit der Angabe der Herrschaftsdauer schon das Ende Ischbaals vorweg (4^{1-12}). – Der Name Ischbaal, der in der Chronik (1 Chr 8^{33} 9^{39}) noch erhalten geblieben ist, bedeutete einst »Mann des Herrn *(baʿal)*«. Saul war also dem Gott Israels keinesfalls untreu, wenn sein Sohn einen solchen Namen trug. Als *baʿal* aber immer eindeutiger als Name des kanaanitischen Gottes verstanden wurde, änderte man den Namen in »Mann der Schande« *'īš bōšæt)*.

2^{12}–3^{1} Das tödliche Turnier $^{12-17}$, der Tod Asaëls $^{18-23}$ und der Waffenstillstand ^{24}–3^{1} sind zu einer Erzählung verbunden. $^{12-17}$ Die Benjaminiter unter Abner und die Männer Davids unter Joab standen sich längere Zeit am Teich von Gibeon – an der Grenze zwischen Israel und Juda und auf hiwitischem Gebiet (Jos 9) – gegenüber, bis Abner die Initiative ergriff und ein »Turnier« vorschlug. Das hebräische Verbum *(siḥaq)* kann auch »spielen« meinen, bezieht sich hier aber auf ein Kampfspiel, das von tödlichem Ernst ist. Vielleicht wollte Abner auf diese Weise eine blutige Schlacht vermeiden (vgl. 1 Sam 17). Der zwölffache Zweikampf endet –

Deshalb nannte man diesen Ort bei Gibeon: Helkat-Hazzurim (Feld
der Steinmesser). [17] Der Kampf wurde an jenem Tag sehr hart. Abner 3[1]
und die Israeliten wurden von den Leuten Davids geschlagen. [18] Auch 1 Sam 26[6] 23[18.19.24]
die drei Söhne der Zeruja waren dabei: Joab, Abischai und Asaël. Hab 3[19]
Asaël war so flink auf den Beinen wie eine Gazelle im Gelände. [19] Asaël 1 Sam 6[12]
jagte Abner nach, ohne nach rechts oder links abzuweichen. [20] Da
wandte sich Abner um und sagte: Bist du es, Asaël? Asaël antwortete:
Ja, ich bin es. [21] Abner sagte zu ihm: Bieg doch nach rechts oder links
ab, greif dir einen von den jungen Männern, und nimm dir seine Rü-
stung! Asaël aber wollte nicht von ihm ablassen. [22] Abner sagte noch
einmal zu Asaël: Laß von mir ab! Warum soll ich dich zu Boden schla-
gen? Wie könnte ich dann noch deinem Bruder Joab in die Augen blik-
ken? [23] Als Asaël sich weigerte, von ihm abzulassen, stieß ihm Abner
das (stumpfe) Ende des Speers in den Bauch, so daß der Speer hinten 3[27] Ri 3[21.22]
wieder herauskam. Asaël stürzte zu Boden und starb auf der Stelle.
Alle aber, die an den Ort kamen, wo Asaël niedergestürzt und gestor-
ben war, blieben stehen. [24] Joab und Abischai jedoch jagten Abner
nach. Als die Sonne unterging, waren sie bis Gibeat-Amma gelangt,
das Giach gegenüber am Weg in die Steppe von Gibeon liegt. [25] Die
Benjaminiter in der Gefolgschaft Abners sammelten sich, bildeten eine
geschlossene Gruppe und stellten sich auf dem Gipfel eines Hügels
auf. [26] Abner rief Joab zu: Soll denn das Schwert unaufhörlich um sich 2 Sam 11[25]
fressen? Weißt du nicht, daß das zu einem bitteren Ende führen wird?

etwas surrealistisch – damit, daß alle auf einmal fallen. Der Erzähler führt den Ortsnamen »Helkat Hazzurim«, der einmal »Feld der Felsen« oder »Feld der Kiesel« bedeutet haben kann, auf dieses tragische Ereignis zurück und denkt wohl an ein »Feld der Steinmesser« (vgl. Jos 5[2.3]). Am Ende wird summarisch von der Schlacht berichtet, die sich nach dem unentschiedenen Ausgang des »Turniers« nicht mehr vermeiden ließ [17].

[18–23] Die detaillierte Schilderung des Endes Asaëls beginnt mit der Vorstellung der Söhne der Zeruja, der Halbschwester Davids (17[25]). Dann wird uns eine Szene aus der Verfolgungsjagd der Judäer – vgl. [24] – vorgeführt. Aus dem Blickwinkel Abners wird erzählt, wie leichtfertig der leichtfüßige Asaël sein Leben aufs Spiel setzte und alle Warnungen in den Wind schlug. Abner wird als ein erfahrener Krieger und als ein besonnener Mann dargestellt, der keinen völligen Bruch mit Joab wünschte. Ein Vergleich mit der hinterlistigen Ermordung Abners (3[27]) und Amasas (20[8–10]) durch Joab zeigt, wie klar sich Abner vom judäischen Heerführer unterschied. Der Erzähler schließt den Abschnitt mit einer Szene, die die Bestürzung in Worte faßt: Asaëls Tod zwang alle, die vorbeikamen – Verfolger und Verfolgte? –, innezuhalten.

[24]–3[1] Nach der »Nahaufnahme« in [18–23] knüpft der Erzähler an die summarisch angekündigte Niederlage der Israeliten [17] an und lokalisiert die Stätte genau, an der Joab, Abischai und ihre Männer nach dem Untergang der Sonne angelangt sind [24]. Als sich die Verfolgten auf einem benachbarten Hügel gesammelt hatten,

Wann endlich wirst du deinen Leuten befehlen, die Verfolgung ihrer Brüder aufzugeben? [27] Joab antwortete: So wahr Gott lebt: Wenn du nichts gesagt hättest, dann hätten die Leute erst am Morgen den Rückzug angetreten und aufgehört, ihre Brüder zu verfolgen. [28] Dann ließ Joab das Widderhorn blasen, und alle seine Leute machten halt; sie setzten den Kampf nicht mehr fort und verfolgten die Israeliten nicht mehr. [29] Abner und seine Männer durchzogen während jener Nacht die Araba, überschritten den Jordan, gingen durch die Schlucht und kamen nach Mahanajim zurück. [30] Als Joab aufhörte, Abner zu verfolgen, und seine Leute wieder sammelte, fehlten außer Asaël von den Leuten Davids neunzehn Mann. [31] Davids Leute aber hatten von den Benjaminitern und von den Männern Abners dreihundertsechzig Mann erschlagen [die waren tot]. [32] Sie nahmen Asaël mit und begruben ihn im Grab seines Vaters in Betlehem. Dann marschierte Joab mit seinen Männern die ganze Nacht hindurch in Richtung Hebron, das sie bei Tagesanbruch erreichten.

3[1] Der Krieg zwischen dem Haus Saul und dem Haus David zog sich
5[10] lange hin. David wurde immer stärker, während das Haus Saul immer
schwächer wurde.

Die in Hebron geborenen Söhne Davids: 3[2–5]

5[13–16] [2] In Hebron wurden David folgende Söhne geboren: Sein Erstgebore-
1 Chr 3[1–4] ner Amnon stammte von Ahinoam aus Jesreël, [3] sein zweiter, Kilab,

3[3] Kilab: so M und S *(K-l-b).* In G lautet der Name »Daluja« und in 1 Chr 3[1] »Daniel«.

ergriff Abner ein drittes Mal die Initiative und bat diesmal Joab um einen Waffenstillstand. Er appellierte daran, daß sie Brüder seien. [26] Joab griff dieses Wort in seiner Antwort auf. [27] Abner und seine Männer hatten es danach allerdings sehr eilig, den Jordan zu durchschreiten. [29] Beflügelte sie Angst? Aber auch Joab und seine Leute erreichten in den Augen des Erzählers – trotz der Beisetzung Asaëls – noch am Morgen die Königsstadt Hebron. [32] – Die summarische Notiz über weiteren Streit, bei dem das Haus Davids gewann (3[1]), bezieht sich kaum auf offenen Krieg. Vom »Haus Davids« ist übrigens auch auf einer Inschrift die Rede, die 1993 im alten Dan gefunden worden ist und die vermutlich aus dem 9. Jh. v. Chr. herrührt.

Trotz der deutlichen Niederlage der Benjaminiter und ihrer höheren Verluste [30.31] schildert der Erzähler den israelitischen Feldherrn mit offenkundigem Wohlwollen. Nachdem Abner durch ein Turnier die offene Schlacht zu verhindern gesucht [14] und Asaël hinreichend gewarnt hatte [20–22], war er es auch, der ein Ende des gefährlichen Bruderzwistes vorschlug [26]. Der Erzähler verfügt im übrigen über eine recht genaue Ortskenntnis [24].

3[2–5] Diese Aufzählung stellt uns das Haus Davids näher vor. Die ersten

von Abigajil, der (früheren) Frau Nabals aus Karmel; der dritte war 1 Sam $25^{42.43}$
Abschalom, der Sohn der Maacha, der Tochter des Königs Talmai von $13^{1.37.38}$
Geschur, 4 der vierte Adonija, der Sohn der Haggit, der fünfte Sche- 1 Kön 1^{5}
fatja, der Sohn der Abital, 5 der sechste Jitream von Davids Frau Egla.
Diese Söhne wurden David in Hebron geboren.

David und Abner: 3^{6-21}

6 Solange zwischen dem Haus Saul und dem Haus David Krieg
herrschte, hielt Abner entschieden zum Haus Saul. 7 Saul hatte eine 21^{8}
Nebenfrau namens Rizpa gehabt; sie war eine Tochter Ajas. Da sagte 2 Sam $16^{21.22}$
Ischbaal zu Abner: Warum bist du zu der Nebenfrau meines Vaters ge- 1 Kön 2^{22}
gangen? 8 Da wurde Abner sehr zornig über die Frage Ischbaals und
sagte: Bin ich denn ein Hundskopf aus Juda? Ich erweise dem Haus 1 Sam 17^{43}
Sauls, deines Vaters, und seinen Brüdern und Verwandten auch heute 9^{7}
mein Wohlwollen und habe dich nicht in die Hände Davids fallen las-
sen. Und du willst mich jetzt wegen eines Vergehens mit dieser Frau

3^{7} Der Name Ischbaal fehlt in H, ist aber in S und Vg erhalten geblieben.

beiden Frauen hatte David schon als Freischärler geheiratet (1 Sam 25^{2-43} 27^{3} $30^{5.18}$ 2 Sam 2^{2}). Ahinoam stammte nicht aus dem bekannten, nordisraelitischen Jesreël, sondern aus einem gleichnamigen Ort südlich von Hebron (Jos 15^{56}), der in der Nähe von Karmel, der Heimat Abigajils *(el-kirmil)*, zu suchen ist. Die Mutter Abschaloms, eine Prinzessin aus dem kleinen Königreich Geschur östlich des Sees Gennesaret (vgl. 13^{38}), hatte der junge König aus politischen Rücksichten geheiratet. Amnon, Abschalom und Adonija spielen beim Streit um die Thronfolge eine Rolle (13–19 1 Kön 1.2). Kilab, der zweitälteste Prinz, ist vermutlich früh gestorben (12^{15-23}), da er als Kronprätendent nicht mehr erwähnt wird. Es fällt auf, daß der unmittelbare Kontext vor und nach diesem Abschnitt ($3^{1.6}$) vom Haus Davids und vom Haus Sauls handelt. Daher liegt die Vermutung nahe, daß die Liste der älteren, in Hebron geborenen Söhne nachträglich eingefügt worden ist. Das spricht nicht gegen ein hohes Alter der Aufzeichnung in $^{2-5}$.

3^{6-21} In fünf Szenen wird geschildert, wie David und Abner einander näher kamen: Nach dem Zerwürfnis zwischen Abner und Ischbaal $^{6-11}$ verhandelte Abner geheim mit David $^{12.13}$. David holte Michal zurück $^{14-16}$, Abner gewann die Israeliten für seinen Plan $^{17-19a}$, und die Verhandlungen in Hebron führten zu einem Ergebnis $^{19b-21}$.

$^{6-11}$ Nach der Anknüpfung an den Kontext ^{6} offenbart die erste Szene wiederum, daß Abner der starke Mann in Israel war (vgl. 2^{8}). Beziehungen zu Frauen des bisherigen Königs wurden in Israel als Anspruch auf das Königtum begriffen ($16^{21.22}$ 1 Kön 2^{19-25}). Ischbaal machte Abner daher mit gewissem Recht Vorhaltungen. Abner hat das allerdings – wenn wir dem Erzähler glauben dürfen – ganz anders gesehen. Für ihn waren die Beziehungen zu Rizpa, einer Nebenfrau Sauls (vgl. 21^{8-10}), nur eine private Affäre. Er verfolgte

Rut 1[17] zur Rechenschaft ziehen? [9] Gott soll Abner dies und das antun, wenn
ich nicht gegenüber David so handle, wie der Herr es ihm geschworen
1 Sam 15[28] 25[28] Ri 20[1] hat: [10] das Königtum dem Haus Saul zu nehmen und den Thron Da-
1 Sam 3[20] vids aufzustellen in Israel und Juda, von Dan bis Beërscheba. [11] Darauf
konnte Ischbaal Abner nichts erwidern; denn er hatte Angst vor ihm.
[12]Abner schickte in eigener Sache Boten zu David und ließ ihm sagen:
Wem gehört das Land? Schließ also einen Vertrag mit mir; dann werde
ich dir helfen, um ganz Israel auf deine Seite zu bringen. [13] David ant-
wortete: Gut, ich will einen Vertrag mit dir schließen; nur das eine ver-
Gen 43[3] lange ich von dir: Du darfst mir nicht unter die Augen treten, falls du
nicht Michal, die Tochter Sauls, mitbringst, wenn du kommst und vor
1 Sam 18[27] mir erscheinst. [14] Dann schickte David Boten zu Ischbaal, dem Sohn
Sauls, und ließ ihm sagen: Gib meine Frau Michal heraus, für die ich

3[12] In eigener Sache: M bietet »an seiner Stelle«, G^L liest »nach Hebron«.

damit – ebenso wie später Adonija (vgl. 1 Kön 2[13–18]) – keine politischen Ambitionen. Er fühlte sich durch den Vorwurf des nominellen Königs in seiner Ehre verletzt. Er hatte den Eindruck, wie ein Hundskopf behandelt zu werden. Die selbstbewußte Frage des Goliat, ob er denn ein Hund sei (1 Sam 17[43]), wird hier noch gesteigert (vgl. 1 Sam 24[15] 2 Kön 8[13]). – Abner berief sich bei seinem offenen Abfall von Ischbaal auf einen Schwur des Herrn, den wir nicht kennen [9.10]. Warum hat Abner aber seinem »Herrn« bislang die Treue gehalten [6], wenn er einen solchen Eid des Herrn zugunsten Davids kannte? Wir dürfen in diesen Worten eine theologische Erweiterung sehen, die Davids Weg im Willen des Herrn begründen wollte (vgl. 1 Sam 25[30]).

[12–16] Abner wurde erneut aktiv [12]. Er schlug David einen Vertrag vor, um sich eine wichtige Position im gesamtisraelitischen Heer zu sichern. Da Abner zu Gegenleistungen bereit war, konnte David die Bedingung stellen, daß er nicht mehr ohne Michal vor ihm erschien. [13] David forderte Michal zugleich von Ischbaal zurück. [14] Jetzt nannte er Michal ausdrücklich seine Frau und erinnerte an den hohen, gefahrvoll errungenen Brautpreis (vgl. 1 Sam 18[25.27]). Ischbaal kam dem Verlangen Davids nach und ließ sie ihrem Mann wegnehmen, dem sie Saul gegeben hatte (1 Sam 25[44]; vgl. 2 Sam 21[8]). Paltiël mußte hilflos zusehen, wie ihm seine geliebte Frau entrissen wurde.

Durfte David seine geschiedene Frau überhaupt wieder heiraten? Nach dem Gesetz war das kaum möglich (Dtn 24[1–4] Jer 3[1]). Aber David hatte sich von Michal nie freiwillig getrennt und damit auch das Äquivalent des Brautpreises (1 Sam 18[25.27]) nicht bekommen. Er hatte Michal durch seine Flucht (1 Sam 19[9–17]) zurücklassen müssen. Nach orientalischem Recht durfte David Michal selbst dann zurückfordern, wenn sie Paltiël bereits Kinder geboren hatte.

[14] Diese Überlieferung gibt uns trotz allem Rätsel auf: Warum verlangte David Michal sowohl von Abner als auch von Ischbaal zurück? Darauf kann man antworten: Abner konnte die verheiratete Schwester Ischbaals nicht ohne weiteres entführen, zumal seine Verhandlungen mit David noch geheim bleiben mußten. Warum hat

die hundert Vorhäute der Philister als Brautpreis bezahlt habe. 15 Isch-
baal schickte (einen Boten) zu ihrem Mann Paltiël, dem Sohn des La- 1 Sam 25^{44}
jisch, und ließ sie ihm wegnehmen. 16 Ihr Mann lief bis nach Bahurim 2 Sam 16^{5}
weinend hinter ihr her. Erst als Abner zu ihm sagte: Geh, kehr um!,
kehrte er um. 17 Darauf verhandelte Abner mit den Ältesten Israels und
sagte: Schon seit langer Zeit wollt ihr David zu eurem König haben. 18 1 Kön 12^{1-16}
Jetzt müßt ihr handeln. Denn der Herr hat zu David gesagt: Durch 1 Sam 9^{16} 25^{28}
meinen Knecht David will ich mein Volk Israel aus der Gewalt der Phi-
lister und all seiner Feinde retten. 19 Auch mit den Benjaminitern redete
Abner (in dieser Weise). Dann ging Abner nach Hebron, um David al-
les zu berichten, was Israel und das ganze Haus Benjamin für gut be- 1 Chr 12^{23}
funden hatten. 20 So kam Abner mit zwanzig Männern zu David nach
Hebron. David veranstaltete für Abner und seine Begleiter ein Mahl. 21
Abner sagte zu David: Ich will mich auf den Weg machen und ganz Is-
rael um meinen Herrn, den König, sammeln. Sie sollen mit dir einen

David dann aber überhaupt von Abner verlangt, er möge Michal das nächste Mal mitbringen? Hinter der vorliegenden Erzählung verbirgt sich offenbar eine ältere Überlieferung, in der David nur von Abner verlangte, Michal ihm zuzuführen. Diese Bedingung hat Abner denn auch erfüllt: Er hat sie ihrem Mann weggenommen 15 und ihn zurückgeschickt 16. Die Aufforderung Davids an Ischbaal, er möge ihm seine Frau zurückgeben 14, könnte eingefügt worden sein, um die legitimen Ansprüche Davids hervorzuheben.

13 Abner erkannte David als den Überlegenen an, als er ihm vorschlug: »Schließe *deinen* Vertrag *(berītkā)* mit mir ...«. 14 Die Ehe mit Michal, der »Tochter Sauls«, legitimierte Davids Anspruch auf eine Herrschaft über das nördliche Israel. 15 Paltiël stammte entweder aus Lajisch oder aus Gallim (1 Sam 25^{44}). Die beiden Orte lagen im Stammesgebiet von Benjamin nördlich von Jerusalem (Jes 10^{30}). 16 Paltiël begleitete Michal bis Bahurim (16^{5} 19^{17}) an der alten Straße von Jerusalem nach Jericho. Über Michals Gefühle schweigt der Erzähler; David hat ihre Zuneigung aber kaum mehr erringen können (6^{20}).

17–21 Der Abschnitt spricht von Verhandlungen, die Abner mit den Ältesten Benjamins und mit David führt 19. Eine Begegnung mit David wird etwas genauer geschildert 20.21: Die Gespräche in Hebron werden mit einem Mahl besiegelt. Der Vertrag Davids mit den Israeliten (vgl. 1 Kön 12^{1-19}) ist nur noch eine Frage der Zeit. David läßt Abner in Frieden ziehen. Damit unterstreicht der Erzähler, daß David keine Schuld an der folgenden Bluttat hat.

Der Anfang 17.18 läßt eine spätere Bearbeitung erkennen. Die Ältesten Benjamins, die dem Haus Sauls besonders verbunden waren (1 Sam 22^{7}), werden verallgemeinernd »Älteste Israels« genannt. Abner begründet ihnen gegenüber die künftige Herrschaft Davids mit einem Wort des Herrn, das an eine Offenbarung erinnert, die einmal Saul galt (1 Sam 9^{16}). Der Auftrag des Herrn, Israel aus der Hand der Philister zu befreien, ist allerdings auch auf andere Feinde ausgedehnt worden. Die Zusage in 18 geht wahrscheinlich auf einen dtr Redaktor zurück, der bereits die ge-

1 Kön 12[4] Vertrag schließen, und du sollst überall König sein, wo du es wünschst.
Damit ließ David Abner in Frieden ziehen.

Abners Tod: 3[22–39]

1 Sam 27[8] [22] Inzwischen kamen die Leute Davids und Joab von einem Streifzug;
sie brachten reiche Beute mit. Abner war nicht mehr bei David in He-
bron; denn David hatte ihn in Frieden ziehen lassen. [23] Als Joab mit sei-
ner ganzen Mannschaft ankam, meldete man ihm: Abner, der Sohn
Ners, ist zum König gekommen, und der König hat ihn wieder in Frie-
den ziehen lassen. [24] Joab ging zum König und sagte zu ihm: Was hast
du getan? Abner ist zu dir gekommen. Warum hast du ihn wieder weg-
10[3] gehen lassen? [25] Du kennst doch Abner, den Sohn Ners. Er ist nur ge-
kommen, um dich zu täuschen und zu erkunden, wann du kommst
und wann du gehst, und so zu erfahren, was du alles vorhast. [26] Als
Joab David verlassen hatte, schickte er Boten hinter Abner her, die ihn
von Bor-Sira zurückholten. David aber wußte nichts davon. [27] Als Ab-
ner nach Hebron zurückkehrte, führte ihn Joab beiseite in das Innere
des Tores, als wolle er ungestört mit ihm reden. Dort stach er ihn, um
2[23] 20[9.10] Blutrache für seinen Bruder Asaël zu nehmen, in den Bauch, so daß er
1 Kön 2[5.32] starb. [28] Als David später davon hörte, sagte er: Ich und mein König-
tum sind vor dem Herrn für alle Zeit ohne Schuld am Blut Abners, des
Sohnes Ners. [29] Sie falle auf Joab und seine ganze Familie zurück. Im-
1 Kön 2[33] mer soll es in Joabs Familie Menschen geben, die an Blutungen und
Lev 13[45] Aussatz leiden, die an Krücken gehen, durch das Schwert umkommen
und denen es an Brot mangelt.
[30] Joab und sein Bruder Abischai brachten Abner um, weil er ihren Bru-
2[23] der Asaël bei Gibeon im Kampf getötet hatte. [31] David aber sagte zu

samte Saul- und Davidtradition überblickte.

3[22–39] Zunächst liegt die Initiative voll und ganz bei Joab, der seinen Rivalen Abner heimtückisch umbringt [22–27]. Danach beschreibt der Erzähler ausführlich die Reaktion Davids auf den Mord an Abner [28–39].

Zweimal wird wiederholt, David habe Abner in Frieden ziehen lassen [22.23] (vgl. [21]). Ausdrücklich wird betont, daß David nichts von den Boten wußte, durch die Joab seinen Kollegen aus Benjamin zurückholen ließ [26]. Gab es Israeliten, die an der Unschuld Davids zweifelten? Wir müssen damit rechnen, daß Schimi mit seinem Vorwurf, David sei ein Mörder (16[7]), nicht allein stand. Der Erzähler ist allerdings davon überzeugt, daß David keine Schuld an der Ermordung Abners trug. Selbst wenn er Joabs Plan gekannt hätte, wäre er nicht in der Lage gewesen, Joab Einhalt zu gebieten [39]. Das Schweigen Davids auf die Vorhaltungen Joabs [24.25] ist in dieser Hinsicht beredt.

Die Unschuld Davids wird im folgenden [28–39] noch weiter unterstrichen. David weist zum einen alle Schuld von sich, zum anderen ruft er alles mögliche Unheil auf die Familie Joabs herab. [28.29] David nötigt seine Leute, dem Ermordeten auf seinem

Joab und allen Leuten, die bei ihm waren: Zerreißt eure Kleider, legt Gen 37^{34}
Trauergewänder an, und geht klagend vor Abner her! König David 1^{11}
selbst aber ging hinter der Bahre her. 32 Man begrub Abner in Hebron.
Und der König begann am Grab Abners laut zu weinen, und auch das Gen 23^{2} 50^{3}
ganze Volk weinte. 1^{17}
33 Der König stimmte die Totenklage für Abner an und sang:
Mußte Abner sterben,
wie ein schlechter Mensch stirbt?
34 Deine Hände waren nicht gefesselt,
und deine Füße lagen nicht in Ketten.
Du bist gefallen,
wie man unter der Hand von Verbrechern fällt.
Da weinten alle noch mehr um ihn. 35 Als nun die Leute kamen, um Da-
vid zum Essen zu bewegen, während es noch Tag war, schwor David: 1^{12}
Gott soll mir dies und das antun, wenn ich Brot oder sonst etwas zu 12^{17}
mir nehme, bevor die Sonne untergeht. 36 Als das Volk das erfuhr, ge-
fiel es ihm sehr, wie überhaupt alles, was der König tat, dem ganzen
Volk gefiel. 37 Alle Leute, auch ganz Israel, erkannten an jenem Tag, $16^{7.8}$ 19^{7}
daß die Ermordung Abners, des Sohnes Ners, nicht vom König ausge-
gangen war. 38 Und der König sagte zu seinen Dienern: Wißt ihr nicht,
daß heute ein Fürst gefallen ist und ein großer Mann in Israel? 39 Ob-
wohl ich zum König gesalbt worden bin, bin ich heute noch zu
schwach, und diese Männer, die Söhne der Zeruja, sind stärker als ich. 16^{10} 19^{23}
Dem, der das Verbrechen begangen hat, vergelte der Herr so, wie es 1 Kön $2^{5.6.32.33}$
seiner bösen Tat entspricht.

letzten Weg zu folgen. ^{31} Joab kann sich nicht ausschließen, wenn er sein heimliches Verbrechen nicht offen bekannt machen will. David bekundet seine Trauer um Abner durch die Totenklage und durch das Fasten bis zum Abend. $^{32-35}$ Nach Ansicht des Erzählers verfehlt dieses Verhalten Davids seine Wirkung auf das Volk nicht. $^{36.37}$ Vor seinen Dienern bekennt David freilich seine Ohnmacht gegenüber den Söhnen der Zeruja $^{38.39}$, die nach 1 Chr 2^{16} seine Vettern sind.

Ein späterer Bearbeiter entlastet allerdings Joab dadurch, daß er Abners Ermordung als Blutrache versteht $^{27bß.30}$ (vgl. 1 Kön $2^{5.6}$). Sein Beitrag hebt sich jedoch schon deshalb von der älteren Überlieferung ab, weil er Abischai, den Bruder Joabs (2^{18}), am Anschlag gegen Abner mitwirken läßt ^{30}.

4^{1-12} Nach einer Überleitung ^{1} und Rückblenden $^{2-4}$ schildert der Erzähler die Ermordung Ischbaals $^{5-7}$ sowie die Reaktion Davids $^{8-12}$. Nochmals wird betont, daß David für den Anschlag auf Ischbaal ebensowenig verantwortlich ist wie für den Tod Sauls (1^{1-16}) oder die Ermordung Abners (3^{22-39}).

Die Rückblenden in $^{2.3}$ zum Schicksal der Beërotiter und zur Lähmung Merib-Baals ^{4} liefern wichtige Informationen. Was soll aber der Hinweis auf Merib-Baals Behinderung an dieser Stelle (vgl. 9^{3})? Offenbar soll damit gesagt werden, daß der gelähmte Merib-Baal nicht an die Stelle Isch-

Ischbaals Tod: 4[1–12]

3[27] 4[1] Als Ischbaal, der Sohn Sauls, hörte, daß Abner in Hebron ums Leben
Esra 4[4] Jes 13[7] Jer 6[24] gekommen war, verlor er allen Mut, und ganz Israel war bestürzt.
Jos 18[25] [2] Der Sohn Sauls hatte zwei Männer als Truppenführer; der eine hieß
Baana, der andere Rechab; sie waren Söhne Rimmons aus Beërot,
Benjaminiter; denn auch Beërot wird zu Benjamin gerechnet. [3] Die Be-
Neh 11[33] ërotiter sind nämlich einst nach Gittajim geflohen und leben dort bis
1 Sam 31[7] zum heutigen Tag als Fremde. [4] Jonatan, der Sohn Sauls, hatte einen
1 Sam 31[2–6] Sohn, der an beiden Füßen gelähmt war. Er war fünf Jahre alt gewe-
2 Kön 11[2] sen, als die Nachricht vom Tod Sauls und Jonatans aus Jesreël eintraf;
seine Amme hatte ihn aufgehoben, um mit ihm zu fliehen, aber in der
Eile der Flucht war er ihr vom Arm gefallen; seitdem war er gelähmt.
Sein Name war Merib-Baal. [5] Rechab und Baana, die Söhne Rimmons
aus Beërot, machten sich auf den Weg und kamen um die heißeste Zeit
2[8] des Tages zum Haus Ischbaals, der eben seine Mittagsruhe hielt. [6] Die
Türhüterin des Hauses war beim Weizenreinigen schläfrig geworden
und eingeschlafen; [7] so konnten Rechab und sein Bruder Baana unbe-
merkt in das Haus eindringen. Ischbaal lag in seinem Schlafzimmer auf
1 Sam 17[51] 31[9] dem Bett. Sie schlugen ihn tot, hieben ihm den Kopf ab und nahmen

4[1] »Ischbaal« ist in Anlehnung an G und S eingefügt.
4[4] Merib-Baal: Die Chronik (1 Chr 8[34] 9[40]) hat die alte Namensform bewahrt: Vgl. 2[8]. M: Mefī-Boschet.
4[6] EÜ folgt im ganzen Vers G. M bietet eine Variante zu [7].

baals treten konnte. Aber dann kommt diese Mitteilung zu früh. Denn noch lebte Ischbaal.

[1] Im hebräischen Text wird nur vom »Sohn Sauls« gesprochen. Damit kann man die verächtlichen Bezeichnungen »Sohn Isais« (1 Sam 20[30.31] 22[7–9.13]) und »Sohn Remaljas« (Jes 7[4.5.9] 8[6]) vergleichen. Der Konflikt zwischen Ischbaal und Abner (3[6–11]) wird hier nicht berücksichtigt. [2.3] Die beiden Bandenführer waren Benjaminiter wie die meisten der Diener Sauls (1 Sam 22[7]). Beërot – *rās eṭ-ṭaḥūne* bei *el–bīre,* etwa 14 km nördlich von Jerusalem – war einst eine kanaanitische Stadt (Jos 9[17]), deren Bewohner wegen der Nachstellungen Sauls (21[1.2]) nach Gittajim geflohen waren, das in der Ebene – vielleicht zwischen Lod und Geser – lag. [4] Gemeint ist die Niederlage der Israeliten (1 Sam 31[1–5]) in der Nähe der Ebene von Jesreël (1 Sam 29[11]). Merib-Baal, der Sohn Jonatans (1 Chr 8[34] 9[40]), ist nicht mit dem Sohn Sauls zu verwechseln, den ihm Rizpa geboren hatte (21[8] vgl. aber 9[7.9.10]). Der Name Merib-Baal ist nur in der Chronik (1 Chr 8[34] 9[40]) und in einigen griechischen Handschriften korrekt erhalten. Daß es einen solchen Personennamen gab, ist auch durch ein Ostrakon aus Samaria bezeugt (KAI Nr. 184). Die späteren Abschreiber haben die zweite Silbe »Baal« in »Schande« *(bōšæt)* verändert (vgl. 2[8]).

[6] Im masoretischen Text ist eine Variante zu [7] enthalten: »Und dorthin kamen sie mitten in das Haus, indem

den Kopf mit. Sie gingen die ganze Nacht hindurch auf dem Weg
durch die Araba, [8] brachten den Kopf Ischbaals zu David nach Hebron
und sagten zum König: Da ist der Kopf deines Feindes Ischbaal, des 1 Sam 18[11] 19[10]
Sohnes Sauls, der dir nach dem Leben trachtete. Aber der Herr hat 1 Sam 23[15]
heute unserem Herrn, dem König, Rache an Saul und seinen Nach-
kommen verschafft. [9] David erwiderte Rechab und seinem Bruder 22[48]
Baana, den Söhnen Rimmons aus Beërot: So wahr der Herr lebt, der Rut 3[13]
mich aus aller Not befreit hat: [10] Den, der mir die Nachricht gebracht
hat: Saul ist tot!, und der gemeint hat, ein Freudenbote zu sein, den 1[15.16]
habe ich in Ziklag ergreifen und umbringen lassen; so gab ich ihm den
verdienten Botenlohn. [11] Und wenn nun ruchlose Männer einen recht-
schaffenen Mann in seinem Haus auf seinem Bett erschlagen haben, Gen 9[5.6]
sollte ich dann nicht sein Blut von euch zurückfordern und euch von
der Erde austilgen? [12] Und David gab seinen Leuten den Befehl, sie zu
töten; sie taten es. Sie schlugen ihnen Hände und Füße ab und hängten 1 Sam 31[10]
die Leichen am Teich von Hebron auf. Den Kopf Ischbaals aber nah-
men sie und begruben ihn im Grab Abners in Hebron. 3[32]

Die Anerkennung Davids als König von ganz Israel: 5[1–12]
1 Chr 11[1–10]; 14[1f]

5[1] Alle Stämme Israels kamen zu David nach Hebron und sagten: Wir
sind doch dein Fleisch und Bein. [2] Schon früher, als noch Saul unser 19[13] Gen 2[23]
König war, bist du es gewesen, der Israel in den Kampf und wieder 1 Sam 13[14] 18[13.16]

sie Weizen nahmen. Sie versetzten ihm einen Stoß in den Unterleib. Rechab und sein Bruder Baana entkamen.« Die EÜ folgt zu Recht G. Denn im hebräischen Text ist erstens das einleitende Adverb »dorthin« überflüssig. Zweitens ist nicht klar, was die beiden Brüder mit dem Weizen machten (vgl. Vg). Drittens fällt auf, daß die Namen am Ende wiederholt werden. [8] Die Mörder übertreiben: Ischbaal hat David nicht nach dem Leben getrachtet. Außerdem stellen sie ihre fluchwürdige Tat als Rache des Herrn dar. [11] Den ruchlosen Männern steht Ischbaal als Gerechter gegenüber; auf die mögliche Salbung (2[7]) nimmt der Erzähler freilich keine Rücksicht (vgl. 1[14]). [12] Die entehrende Behandlung der Mörder (Ri 1[6.7]) setzt das Verbot, die Leichen nicht über Nacht hängen zu lassen (Dtn 21[22.23]), noch nicht voraus.

5[1–12] David wird auch zum König von Israel gesalbt [1–2]. Er regierte insgesamt vierzig Jahre lang [4–5]. Nach der Eroberung seiner Stadt Jerusalem [6–8] ist seine Herrschaft gefestigt [9–12].

[1–3] Die Nordstämme kommen in den ersten Jahren der Regierung Davids (vgl. [5]) nach Hebron und begründen die beabsichtigte Salbung Davids mit drei Argumenten: a) David ist ihr Verwandter. b) Er hat sie schon früher in den Kampf geführt (vgl. 1 Sam 18[13.16]). c) Ihn hat der Herr selbst zum Fürsten bestellt. – Nachdem David die Rechte der Stämme vertraglich zugesichert hat (vgl. 1 Sam 10[25] und 2 Kön 11[17]), salben sie ihn (vgl. 2[4]).

Der alten, historisch zuverlässigen

1 Sam 29[6] nach Hause geführt hat. Der Herr hat zu dir gesagt: Du sollst der Hirt
1 Sam 25[30] 6[21] 7[8] meines Volkes Israel sein, du sollst Israels Fürst werden. [3] Alle Ältesten
2[4] 1 Sam 16[13] Israels kamen zum König nach Hebron; der König David schloß mit
1 Sam 10[1] ihnen in Hebron einen Vertrag vor dem Herrn, und sie salbten David
1 Kön 1[39] zum König von Israel.
1 Kön 2[11] 1 Chr 3[4] 29[27] [4] David war dreißig Jahre alt, als er König wurde, und er regierte vier-
2[11] zig Jahre lang. [5] In Hebron war er sieben Jahre und sechs Monate Kö-
nig von Juda, und in Jerusalem war er dreiunddreißig Jahre König von
ganz Israel und Juda.
[6] Der König zog mit seinen Männern nach Jerusalem gegen die Jebusi-
Jos 15[63] Ri 1[21] ter, die in dieser Gegend wohnten. Die Jebusiter aber sagten zu David:
Du kommst hier nicht herein; die Blinden und Lahmen werden dich
vertreiben. Das sollte besagen: David wird hier nicht eindringen. [7]
6[10.12.16] Dennoch eroberte David die Burg Zion; sie wurde die Stadt Davids. [8]
1 Kön 2[10] 3[1] David sagte an jenem Tag: Jeder, der den Schacht erreicht, soll die Je-

5[8] Zur Übersetzung des schwierigen Verses vgl. den Kommentar.

Notiz [3] ist eine jüngere Einleitung [1.2] vorangestellt worden. Es kommen nicht allein die Ältesten [3a], sondern auch alle anderen Männer aus den Stämmen Israels nach Hebron [1a]. Der Judäer David gilt hier bereits als Verwandter der Nordisraeliten; in der älteren Überlieferung gebraucht David diese Formel nur gegenüber den Judäern (2 Sam 19[13]). Die Verwandtschaft wird also hier viel weiter als üblich gefaßt (vgl. Gen 2[23] 29[14] Ri 9[2]). Die Wendung »schon früher« – wörtlich: »sowohl gestern als auch vorgestern« – hat ein jüngerer Redaktor Abner in den Mund gelegt (3[17]). Das Verbum »Hirt sein« wird erst bei Jeremia (2[8] 3[15] 10[21] u. ö.) und Ezechiel (34) auf einen irdischen Herrscher bezogen, obwohl der Ausdruck sonst im Alten Orient gern für das Regieren gebraucht wird. Der Titel »Fürst« *(nāgīd)* erscheint fast nur in redaktionellen Abschnitten (vgl. 1 Sam 9[16] 10[1] 13[14] 25[30] und 2 Sam 6[2] 7[8]). Die Herrschaft Davids über ganz Israel wird durch ein Wort des Herrn legitimiert. Dabei vermeidet der Bearbeiter aber das Wort »König«, weil damit zu viel Souveränität verbunden ist. David kann lediglich als »Nagid«, d. h. in steter Abhängigkeit vom Herrn, Israel regieren.

[4.5] Diese Angaben entsprechen den Einführungsformeln für judäische Könige (vgl. 1 Kön 11[42] 14[21] 15[1.2] u. ö.), die ein dtr Redaktor eingefügt hat. Die Zeit, die David von Hebron aus über Juda regierte, ist schon einmal angegeben worden (2[11]). [6–8] David eroberte Jerusalem »mit seinen Männern« (vgl. 1 Sam 22[2]). Die Jebusiter fühlten sich so sicher, daß sie erklären konnten: »Du kommst hier nicht herein.« Eventuell fügten sie die Einschränkung an: »es sei denn, du entfernst die Blinden und Lahmen (aus deinem Haufen).« Der hebräische Text ist leider nicht mehr ganz klar; aus diesem Grund hat wohl auch ein Späterer die entscheidende Aussage am Ende von [6] wiederholt. David und seine Getreuen vernahmen in jedem Fall ein Wort voller Hohn und Spott, wie es vor Kämpfen üblich war (vgl. 1 Sam 17[43–47]). David war jedoch imstande, die gut befestigte Jebusiterstadt einzunehmen.

busiter erschlagen, auch die Lahmen und Blinden, die David in der
Seele verhaßt sind. Daher sagt man: Ein Blinder und ein Lahmer Lev 21^{18}
kommt nicht ins Haus.
9 David ließ sich in der Burg nieder und nannte sie die Stadt Davids.
Und David begann ringsum zu bauen, und zwar vom Millo an bis zur 3^{1}
Burg. 10 David wurde immer mächtiger, und der Herr, der Gott der 1 Sam $18^{14.28}$
Heere, war mit ihm. 11 Hiram, der König von Tyrus, schickte eine Ge-
sandtschaft zu David und ließ ihm Zedernholz überbringen; auch Zim- 1 Kön 5^{15}
merleute und Steinmetzen schickte er, und sie bauten für David einen
Palast. 12 So erkannte David, daß der Herr ihn als König von Israel be-
stätigt hatte und daß der Herr sein Königtum wegen seines Volkes Is-
rael zu hohem Ansehen gebracht hatte.

7 Am Tag des Sieges erklärte David: »Wer immer die Jebusiter schlagen will, muß den *ṣinnōr* erreichen.« 8aα Mit dem *ṣinnōr* war vermutlich nicht der sog. Warren-Schacht gemeint, der den Frauen ermöglichte, Wasser zu schöpfen. Der Erzähler hat eher einen waagerechten Kanal vor Augen, der die Gihonquelle und den Kidronbach miteinander verband und als Überlauf diente (vgl. Ps 42^{7} und G. Brunet, VT. S XXX 80f). Es gelang den Männern Davids – unter Führung Joabs (1 Chr 11^{6})? –, den Jebusitern buchstäblich das Wasser abzugraben, so daß es nicht mehr ins Innere der Stadt fließen konnte. Der blutige Kampf ließ sich so vermeiden. Später hat man die Bestimmung angehängt, daß weder Blinde noch Lahme im Tempel dienen durften (Lev 21^{18}).

9–12 Notizen über die Bautätigkeit Davids 9.11 und Bemerkungen zum Beistand des Herrn 10.12 folgen etwas locker und ungeordnet aufeinander.

9.11 Nach der Eroberung Jerusalems siedelte David in diese Stadt über und baute sie aus. Die Jebusiter konnten weiter darin wohnen (Jos 15^{63} Ri 1^{21} 2 Sam 24^{18-24} Ez 16^{3}). Mit dem Millo ist das Terrassensystem auf der Ostseite des Hügels gemeint, das immer wieder einzustürzen drohte (1 Kön 9^{15} 11^{27}). Der Name »Davidsstadt« kam erst auf, als sich die Stadt nach Norden und Westen ausdehnte und eine Bezeichnung für die ursprüngliche Stadt gesucht wurde (F. Stolz). 11 Hiram, der nach Josephus (Ant VIII 62) sieben Jahre vor Salomo die Herrschaft antrat, belieferte David mit Zedernholz und sandte Handwerker, die den Palast erbauten (7^{2}). Der phönizische König mag damit seinen Respekt gegenüber David zum Ausdruck gebracht haben (vgl. 8^{9-11}). Es gibt keine triftigen Gründe anzunehmen, daß hier Verhältnisse unter Salomo (1 Kön $5^{20.22.24}$ 9^{11}) vorweggenommen wären.

10.12 Die Aufstiegsgeschichte hat ihr Ziel erreicht. Darum wird nochmals wiederholt, daß der Herr mit David war (1 Sam 16^{18} $18^{14.28}$). Der Beistand des Herrn führte zum Erfolg. In Anlehnung an die Verheißung Natans ($7^{12.13}$) spricht ein dtr Redaktor davon, daß der Herr David als König bestätigt habe. 12 Zu beachten ist dabei, daß die Herrschaft Davids dem Volk dienen sollte, nicht umgekehrt.

5^{13-16} Nach den älteren, in Hebron geborenen Söhnen (3^{2-5}) werden jetzt die Jerusalemer Söhne aufgezählt. In seiner Stadt nahm sich David weitere Frauen. Es fällt auf, daß die Nebenfrauen zuerst genannt werden. Die dtn Warnung, daß der König sich nicht zu viele Frauen nehmen solle

Die in Jerusalem geborenen Söhne Davids: 5^{13-16} 1 Chr 14^{3-7}

3^{2-5} ^{13} Als David von Hebron gekommen war, nahm er sich noch Neben-
1 Chr 3^{5-9} frauen, auch Frauen aus Jerusalem. So wurden ihm noch mehr Söhne
Dtn 17^{17} und Töchter geboren. ^{14} Das sind die Namen der Söhne, die ihm in Je-
12^{24} rusalem geboren wurden: Schima, Schobab, Natan, Salomo, ^{15} Jibhar,
Elischua, Nefeg, Jafia, ^{16} Elischama, Eljada und Elifelet.

Der Krieg mit den Philistern: 5^{17-25} 1 Chr 14^{8-17}

^{17} Die Philister hörten, daß man David zum König von Israel gesalbt
hatte. Da zogen alle herauf, um David gefangenzunehmen. David er-
23^{14} fuhr davon und zog sich in eine Bergfestung zurück. ^{18} Als die Philister
Jos 15^{8} 18^{16} herankamen und in der Rafaïterebene umherstreiften, ^{19} befragte Da-
1 Sam $23^{2.4}$ vid den Herrn; er sagte: Soll ich die Philister angreifen? Wirst du sie in

(Dtn 17^{17}), wird noch nicht berücksichtigt. Salomo folgt in der Liste der in Jerusalem Geborenen erst an vierter Stelle. Um so erstaunlicher ist es, daß gerade er der Nachfolger Davids geworden ist. Die Namen der Söhne enthalten zwar die Gottesbezeichnung »El«, aber keinen ausdrücklichen Hinweis auf den Gott Israels (anders *Adonija* in 3^{4}). Das ist kein Wunder. Denn erstens gaben zu dieser Zeit noch die Mütter ihren Kindern die Namen. Zweitens stammten eben diese jüngeren Frauen und Nebenfrauen Davids nach dem hebräischen Text aus dem jebusitischen Jerusalem, nicht aus Israel oder aus Juda. Batseba (11^{2-5} und 12^{24}) ist dafür ein gutes Beispiel.

5^{17-25} Zweimal nacheinander fügte David den Philistern Niederlagen zu $^{18-21.22-25}$ (vgl. 1 Sam 4 und 31). Er vergaß dabei nicht, vor jedem Kampf den Herrn zu befragen (1 Sam 23^{9-12} $30^{7.8}$). Und er handelte jeweils entsprechend der Weisung des Herrn ^{25a}.

Nach der einleitenden Exposition ^{17} war die Salbung Davids für die Philister der Anlaß, David zu suchen. Das klingt plausibel. Spätestens jetzt mußte ihnen klar sein, daß ihr ehemaliger Vasall nun ihr mächtigster Gegner geworden war. In der weiteren Schilderung wird aber ein etwas anderes Bild entworfen: Die Philister zogen in der fruchtbaren Rafaïterebene (Jes 17^{5}) umher $^{18-22}$, ohne daß ein konkretes Ziel angegeben ist (Ri 15^{9}). David war zudem nur mit »seinen Männern« unterwegs ^{21} (vgl. 1 Sam 30^{9}). Es war also gar nicht nötig, daß »alle« Philister ihm nachstellten. Das Motiv der Verfolgung scheint ohnedies von Saul (1 Sam 20^{1} 22^{23} 23^{15}) auf die Philister übertragen worden zu sein. Die Exposition ^{17} paßt also nicht recht zur anschließenden Erzählung.

Die Schilderung der beiden Philisterkämpfe fällt auch in anderer Hinsicht aus dem Kontext heraus. David zieht sich zwar in eine »Bergfestung« zurück ^{17}, die im Hebräischen mit demselben Wort bezeichnet wird wie die »Burg« in Jerusalem ^{9}. Aber nach Jerusalem geht man hinauf, während David zur Bergfestung hinabgeht ^{17}.

meine Hand geben? Der Herr antwortete David: Greif sie an; denn ich Ri 4^{14} 7^{7}
werde die Philister bestimmt in deine Hand geben. 20 Da zog David
nach Baal-Perazim. Dort schlug er die Philister und sagte: Der Herr Jes 28^{21}
hat die Reihen meiner Feinde vor meinen Augen durchbrochen, wie
Wasser (einen Damm) durchbricht. Deshalb nennt man jenen Ort
Baal-Perazim (Herr der Durchbrüche).
21 Die Philister ließen dort ihre Götterbilder zurück, so daß David und 1 Sam 4^{11}
seine Männer sie mitnehmen konnten.
22 Doch die Philister zogen noch einmal herauf und streiften in der
Rafaïterebene umher. 23 David befragte wieder den Herrn, und der 2^{1}
Herr antwortete ihm: Zieh nicht hinauf, umgeh sie in ihrem Rücken,
und komm von den Baka-Bäumen her an sie heran! 24 Wenn du dann in
den Wipfeln der Baka-Bäume ein Geräusch wie von Schritten hörst, Ri 6^{36-40}
dann beeil dich; denn dann geht der Herr vor dir her, um das Heer der
Philister zu schlagen. 25 David tat, was der Herr ihm befohlen hatte, 1 Sam 7^{10}
und er schlug die Philister (im ganzen Gebiet) zwischen Geba und der 2 Kön 7^{6} 1 Sam 7^{14}
Gegend von Geser.

Es ist eher jener Schlupfwinkel gemeint, in dem sich David öfter aufgehalten hat (1 Sam 22^{1} 2 Sam 23^{13}): Adullam in der Schefela (*ḫirbet eš–šēḫ madkūr* – 16 km südwestlich von Hebron). Es handelte sich bei den Auseinandersetzungen Davids mit den Philistern $^{17-25}$ also um kleinere Gefechte aus der Frühzeit seiner Regierung (vgl. 1 Sam 22^{1} 2 Sam 23^{13-17}), als Jerusalem noch in den Händen der Jebusiter war.

Vor der ersten Auseinandersetzung befragte David den Herrn vermutlich mittels des Efod (vgl. 1 Sam 23^{9-12} $30^{7.8}$). David konnte nur Fragen stellen, die sich mit »Ja« oder »Nein« beantworten ließen, auch wenn der Priester die Entscheidung in vollständigen Sätzen formulierte. Die Übereignungsformel ^{19} – »ich werde die Philister bestimmt in deine Hand geben« – verlieh dem anschließenden Kampf den Charakter eines »heiligen Krieges« (Dtn 20^{13} Jos 6^{2} Ri 4^{14} 1 Sam 23^{4} 1 Kön $20^{13.28}$). Vom Herrn ermutigt, griff David bei einem Berg (Jes 28^{21}) oder einer Quelle mit dem Namen Baal Perazim an. Das war vielleicht in der Nähe der Rafaïter-Ebene südwestlich von Jerusalem. Der Name Baal Perazim dürfte älter als das Ereignis sein. Der Erzähler setzt bei seiner Erklärung voraus, daß sich das Wort »Baal« auf den Herrn bezieht. Das war in dieser frühen Zeit nicht ungewöhnlich, wie die Namen Ischbaal (2^{8}) und Merib-Baal (4^{4}) zeigen. Nach ihrem Sieg erbeuten David und seine Männer die Götterbilder der Philister ^{21}. Wir werden dabei an das Schicksal der Lade erinnert (1 Sam 4^{11}). In der Chronik läßt David die fremden »Götter« sogar verbrennen (1 Chr 14^{12}).

Als David den Herrn ein zweites Mal befragt hat, erhält er eine so ausführliche Antwort, daß wir kaum an ein einfaches Losorakel denken können $^{23.24}$. Dabei wird vorausgesetzt, daß der Herr »auf den Flügeln des Windes« kommt (Ps 22^{11}) und die sog. Baka-Bäume (Ps 84^{7}) bewegt, so daß sie rauschen. Leider können wir den Ort, wo diese Bäume oder Sträucher gestanden haben, nicht mehr lokalisieren.

6^{1-23} Es war ein »geschickter religionspolitischer Schachzug Davids« (R. Albertz), die Lade – das traditio-

Die Überführung der Bundeslade nach Jerusalem: 6^{1-23}

12–23: Vgl. 1 Chr 13^{1-14}

Num $10^{35.36}$ 6[1] David versammelte wiederum alle jungen Krieger aus Israel, drei-
1 Sam 6^{21} ßigtausend Mann, [2] brach auf und zog mit seinem ganzen Heer nach
Ps 132^{3-6} Baala in Juda, um von dort die Lade Gottes heraufzuholen, über der
der Name des Herrn der Heere, der über den Kerubim thront, ausge-
1 Sam 6^{7} rufen worden ist. [3] Sie stellten die Lade Gottes auf einen neuen Wagen
1 Sam 7^{1} und holten sie so vom Haus Abinadabs, das auf einem Hügel stand;
Usa und Achjo, die Söhne Abinadabs, lenkten den neuen Wagen [4] [sie
holten sie also aus dem Haus Abinadabs, das auf dem Hügel stand,]
mit der Lade Gottes, und Achjo ging vor der Lade her. [5] David und das
Ps $68^{25.26}$ ganze Haus Israel tanzten und sangen vor dem Herrn mit ganzer Hin-
gabe und spielten auf Zithern, Harfen und Pauken, mit Rasseln und
Zimbeln. [6] Als sie zur Tenne Nachons kamen, brachen die Rinder aus,
und Usa streckte seine Hand nach der Lade Gottes aus und faßte sie
Num $4^{15.19}$ an. [7] Da entbrannte der Zorn des Herrn gegen Usa, und Gott erschlug
1 Sam 6^{19} ihn auf der Stelle wegen dieser Vermessenheit, so daß er neben der
Lade Gottes starb. [8] David war sehr erregt darüber, daß der Herr den

6^{2} Nach Baala in Juda: Korrektur nach 1 Chr 13^{6}. M: »von den Bürgern Judas«.

6^{5} Mit ganzer Hingabe: Korrektur nach G und 1 Chr 13^{8}. M: »mit Zypressenhölzern«.

6^{7} Wegen dieser Vermessenheit: Die Bedeutung ist unsicher. Vgl. 1 Chr 13^{10}: »weil er seine Hand nach der Lade ausgestreckt hatte«.

nelle Kriegsheiligtum der Israeliten (1 Sam 4) – nach Jerusalem zu bringen. Dadurch wurde in der Sicht der späteren dtr Theologen offenbar, daß der Herr diese Stätte erwählt hatte (Dtn 12^{5-26} 14^{23-25} 16^{2-16} 1 Kön $8^{16.44.48}$ 11^{31-39} Ps 132^{13}).

Die Lade wurde in zwei Etappen in die Stadt Davids gebracht. Zunächst ließ David sie aus Baala holen und – verstört durch den Zwischenfall mit Usa – im Haus des Obed-Edom aus Gat unterstellen $^{1-11}$ (vgl. 1 Chr 13^{1-14}). Drei Monate später wurde die Lade aus dem Haus des Philisters in die Stadt Davids überführt $^{12-15.17-19}$. Eng verflochten damit war der Streit zwischen David und Michal $^{16.20-23}$.

Prozessionen mit der Lade gab es auch später noch (vgl. Ps 24^{7-10}). Wir können uns das Ritual durch die vorliegende Erzählung recht gut vorstellen: Nach den ersten Schritten der Träger brachte man bereits Opfer dar ^{13} (vgl. 1 Kön 8^{5}). Die Lade wurde unter Jubel und Hörnerklang auf die Höhe des Zion hinaufgetragen (Ps 47^{6} und $68^{25.26}$). Sie kam an ihren Ort (Ps 132^{3-5} 1 Kön 8^{6}).

Die Lade gelangte nicht problemlos an ihr Ziel. Nachdem Usa ihr guten Gewissens zu Hilfe geeilt war, wurde er vom Herrn hart dafür bestraft. Das ist aber nicht die einzige Überraschung, die die Erzählung bietet. David ließ sie aus Furcht nach diesem Zwischenfall in das Haus des Obed-Edom aus Gat bringen. Im Haus des

Usa so plötzlich dahingerafft hatte, und man nennt den Ort bis heute 1 Chr 15[13]
darum Perez-Usa (Wegraffung Usas). 9 An jenem Tag bekam David
Angst vor dem Herrn, und er sagte: Wie soll die Lade des Herrn jemals
zu mir kommen? 10 Darum wollte David die Lade des Herrn nicht zu
sich in die Davidstadt bringen lassen, sondern stellte sie in das Haus
des Obed-Edom aus Gat. 11 Drei Monate lang blieb die Lade des Herrn 1 Chr 26[4.5]
im Haus Obed-Edoms aus Gat, und der Herr segnete Obed-Edom
und sein ganzes Haus.
12 Als man König David berichtete: Der Herr hat das Haus Obed-
Edoms und alles, was ihm gehört, um der Lade Gottes willen gesegnet,
da ging David hin und brachte die Lade Gottes voll Freude aus dem
Haus Obed-Edoms in die Davidstadt hinauf. 13 Sobald die Träger der
Lade des Herrn sechs Schritte gegangen waren, opferte er einen Stier 1 Chr 15[26–28]
und ein Mastkalb. 14 Und David tanzte mit ganzer Hingabe vor dem 1 Sam 22[18]
Herrn her und trug dabei das leinene Efod. 15 So brachten David und
das ganze Haus Israel die Lade des Herrn unter Jubelgeschrei und un- Ps 47[6–9]
ter dem Klang des Widderhorns hinauf. 16 Als die Lade des Herrn in

Philisters wirkte sich die Lade aber segensreich aus. Wie paßt es zusammen, daß die gutgemeinte Hilfe eines Israeliten dessen Tod zur Folge hatte, der Aufenthalt der Lade bei einem fremden Philister aber Segen brachte? Daß die Lade einst auf ihrem Weg im Haus des Gatiters untergebracht war, dürfte eine alte, kaum zu bezweifelnde Nachricht sein. Dagegen entspricht die rigorose Bestrafung Usas eher den nachexilischen Bestimmungen im Umgang mit dem Heiligen (vgl. Num 4[15.19]).

Der erste Teil der Erzählung [1–11] verrät auch sonst eine jüngere Bearbeitung. Anstelle des Widderhorns [15] erklingen hier zahlreiche Musikinstrumente, die auch in der Chronik (1 Chr 15[28]) erwähnt werden.

Bewußt wird in diesem Abschnitt an die bisherige Ladetradition (1 Sam 4[1]–6[16]) angeknüpft, ohne daß die Naht ganz verdeckt werden kann: Einerseits holt David die Lade dort ab, wo sie abgestellt worden ist (1 Sam 7[1]). Andererseits ist die Differenz in den Ortsangaben – Baala in [2] und Kirjat-Jearim in 1 Sam 7[1] – nicht zu übersehen. Zum einen sind Söhne Abinadabs am Werke [3] (vgl. 1 Sam 7[1]), zum anderen wird der in 1 Sam 7[1] eigens zum Priester geweihte Eleasar mit Schweigen übergangen. Der engen Verbindung mit 1 Sam 6 dient auch, daß die Lade Gottes zunächst auf einem neuen Wagen transportiert wird, von dem wir nach dem Usa-Zwischenfall nichts mehr hören.

Zur dtr Redaktion gehört ein Satz, der die Lade näher charakterisiert [2]: »über der der Name des Herrn ausgerufen worden ist« (Dtn 28[10] 1 Kön 8[43] Jer 7[10.11.14.30]). Nachträglich eingefügt sind auch die Worte Davids in [21]: »der mich statt deines Vaters erwählt hat, um mich zum Fürsten über das Volk des Herrn, über Israel zu bestellen«.

Historisch gesehen ist es umstritten, ob David die Lade in ein Zelt gestellt hat. Der hebräische Text spricht zunächst von einem Ort oder einer Stätte *(māqōm)* [17]. Damit könnte ein festes Haus gemeint sein (2 Sam 12[20]), das schon in jebusitischer Zeit bestand. Die Rede von einem Zelt, das David für die Lade aufgestellt

1 Sam 18^{20} die Davidstadt kam, schaute Michal, Sauls Tochter, aus dem Fenster,
1 Chr 15^{29} 3^{13-16} und als sie sah, wie der König David vor dem Herrn hüpfte und tanzte,
7^2 1 Chr 15^1 verachtete sie ihn in ihrem Herzen. [17] Man trug die Lade des Herrn in
1 Kön 8^6 das Zelt, das David für sie aufgestellt hatte, und setzte sie an ihren
1 Chr $16^{1.2}$ Platz in der Mitte des Zeltes, und David brachte dem Herrn Brandop-
fer und Heilsopfer dar. [18] Als David mit dem Darbringen der Brandop-
fer und Heilsopfer fertig war, segnete er das Volk im Namen des
Herrn der Heere [19] und ließ an das ganze Volk, an alle Israeliten, Män-
ner und Frauen, je einen Laib Brot, einen Dattelkuchen und einen
1 Chr 16^{43} Traubenkuchen austeilen. Dann gingen alle wieder nach Hause.
[20] Als David zurückkehrte, um seine Familie zu begrüßen, kam ihm
Michal, die Tochter Sauls, entgegen und sagte: Wie würdevoll hat sich
heute der König von Israel benommen, als er sich vor den Augen der
1 Sam 19^{24} Mägde seiner Untertanen bloßgestellt hat, wie sich nur einer vom Ge-
sindel bloßstellen kann. [21] David erwiderte Michal: Vor dem Herrn,
der mich statt deines Vaters und seines ganzen Hauses erwählt hat, um
1 Sam 13^{14} 15^{28} mich zum Fürsten über das Volk des Herrn, über Israel, zu bestellen,
5^2 vor dem Herrn habe ich getanzt; [22] für ihn will ich mich gern noch ge-
ringer machen als diesmal und in meinen eigenen Augen niedrig er-

habe [17], könnte mit Rücksicht auf die Äußerung Davids in 7^2 nachgetragen worden sein. Daß es in davidischer Zeit ein heiliges Zelt gegeben hat, wird jedoch öfter bezeugt (1 Kön 1^{39} 2^{28-30}).

[2] Die Orte Kirjat-Jearim (1 Sam 7^1) und Baala werden zwar in Jos 15^9 und 1 Chr 13^6 miteinander identifiziert. Aber es handelt sich in einem Fall um eine alte Siedlung (Kirjat-Jearim), im anderen um ein später vergessenes Heiligtum (Baala). [6.7] Ein spätes Gesetz verbot einer Gruppe von Leviten, die Lade zu berühren; »sonst müssen sie sterben« (Num $4^{15.19}$). Die Ehrfurcht vor der Lade schärfte auch die übrige Ladetradition ein (1 Sam 5 und 6^{19}). [10] Sechshundert Männer aus Gat waren David nach Juda gefolgt (15^{18}), unter ihnen der besonders loyale Ittai (15^{19-22} 18^2). Obed-Edom könnte einer der treu ergebenen Philister gewesen sein. In der Chronik wurde aus ihm ein levitischer Torhüter (1 Chr $26^{4-8.15}$), der den Segen Gottes erhielt. Damit nahm man der alten Überlieferung das Anstößige. [14] David war wie der junge Samuel (1 Sam 2^{18}) mit einem Efod bekleidet, einem Leinenschurz, der von Priestern als kultische Kleidung getragen wurde (vgl. 1 Sam 22^{18}). Wenn er vor der Lade heftig tanzte, sprang, hüpfte oder gar ein Rad schlug (S. Schroer), dann konnte er damit leicht die israelitischen Vorstellungen von Schamhaftigkeit verletzen (vgl. Ex 20^{26}).

[16.20] Michal, die jüngere Tochter Sauls, hat David einst geliebt (1 Sam 18^{20}) und ihm sogar einmal das Leben gerettet (1 Sam 19^{11-17}). Doch die lange Abwesenheit Davids, ihre Heirat mit Paltiël (1 Sam 25^{44}) und die erzwungene Trennung (2 Sam 3^{13-16}) haben ihre Liebe erkalten lassen. So ist ihre spöttische und zweideutige Reaktion verständlich. [21.22] David hebt dagegen hervor, daß er sich vor dem Herrn gedemütigt habe und noch weiter erniedrigen werde. Seine Hoffnung, bei den Mägden in Ehren zu stehen, könnte auf sein Verhältnis

scheinen. Bei den Mägden jedenfalls, von denen du gesprochen hast, 1 Sam 18^{7} 21^{12}
stehe ich in Ehren. 23 Michal aber, die Tochter Sauls, bekam bis zu ih- 29^{5}
rem Tod kein Kind.

Die Verheißung an David: 7^{1-29}
1 Chr 17^{1-26}

7 1 Als nun der König in seinem Haus wohnte und der Herr ihm Ruhe
vor allen seinen Feinden ringsum verschafft hatte, 2 sagte er zu dem Dtn 3^{20} 12^{10}
Propheten Natan: Ich wohne in einem Haus aus Zedernholz, die Lade Ps 132^{2-5} 5^{11}
Gottes aber wohnt in einem Zelt. 3 Natan antwortete dem König: Geh 12^{1} 1 Kön $1^{8.11}$
nur und tu alles, was du im Sinn hast; denn der Herr ist mit dir. 4 Aber 1 Sam 16^{18} 18^{14}
in jener Nacht erging das Wort des Herrn an Natan: 5 Geh zu meinem
Knecht David, und sag zu ihm: So spricht der Herr: Du willst mir ein 1 Kön 5^{17}
Haus bauen, damit ich darin wohne? 6 Seit dem Tag, als ich die Israeli- 1 Kön 8^{27}
ten aus Ägypten heraufgeführt habe, habe ich bis heute nie in einem Jes 66^{1}
Haus gewohnt, sondern bin in einer Zeltwohnung umhergezogen. 7
Habe ich in der Zeit, als ich bei den Israeliten von Ort zu Ort zog, je- Ex 26
mals zu einem der Richter Israels, die ich als Hirten über mein Volk Is- 1 Kön 8^{16}
rael eingesetzt hatte, ein Wort gesagt und sie gefragt: Warum habt ihr

7^{7} Richter: nach 1 Chr 17^{6} korrigiert. M und alle alten Übss bezeugen aber »Stämme«.

zu vielen Frauen anspielen (3^{2-5} 5^{13} 15^{16}). 23 David entzog sich Michal nach dieser Szene ganz bewußt. Sie gebar ihm daher keine Kinder. War sie aber völlig kinderlos? Diese Frage ist nicht so leicht zu beantworten. In der Erzählung über die Rache der Gibeoniter ist zwar von ihren fünf Söhnen die Rede (21^{8}), die sie Adriël, dem Sohn Barsillais aus Mehola, geboren habe. Adriël war aber ihr Schwager (1 Sam 18^{19}), so daß sie dort mit ihrer älteren Schwester verwechselt worden sein kann.

7^{1-29} Die Verheißungen in 2 Sam 7^{1-17} stellen einen theologischen Höhepunkt der Samuelbücher dar. Sie sind die entscheidende Quelle für die spätere messianische Erwartung. David greift die Zusagen des Herrn in seinem Gebet 18–29 wieder auf.

1–17 David deutet gegenüber Natan an, daß er für die Lade ein Haus errichten möchte; Natan gibt dazu seine Zustimmung 1–3.

Doch in der Nacht ergeht ein Wort des Herrn an Natan. Danach kann erst Salomo einen Tempel bauen; David erhält statt dessen die Zusage, daß seine Königsherrschaft für immer Bestand haben werde 4–16. Gehorsam überbringt Natan David diese Botschaft 17.

Während die erste Szene 1–3 leicht zu überschauen ist, ist die nächtliche Rede des Herrn 4–16 erheblich umfangreicher. Rein formal ist sie dadurch gegliedert, daß Botenauftrag und Botenformel wiederholt werden 5–8. Der rote Faden läßt sich erst bei genauerer Betrachtung erkennen. Am Anfang 5 steht die Frage, die der Herr durch seinen Propheten an David richtet: »Du willst mir ein Haus bauen, damit ich darin wohne?« Da es sich nicht um ein Gespräch, sondern um einen Monolog handelt, liegt offenbar eine rhetorische Frage vor. Wird sie im folgenden beantwortet? Eine der Ankündigungen entspricht der hiesigen Frage [5] recht genau [13a]: »Er wird für meinen Namen ein Haus bauen.« In der Frage wie in der Antwort stehen die Personalpronomen »du« bzw. »er« am Anfang. Auf ihnen ruht daher der Akzent. Es geht darum, wer das Haus *(bajit)* bauen *(bānāh)* wird. Die rhetorische Frage [5] und die vom Herrn selbst gegebene Antwort [13] sind also die tragenden Pfeiler einer Brücke, die vom ersten Teil der Rede [5–7] zu ihrer zweiten Hälfte [8–16] hinüberführt.

Die Unterredung Davids und Natans [1–3] und die Rede des Herrn [4–16] offenbaren einen weiten zeitlichen Horizont: Die Rückblicke umfassen den Auszug aus Ägypten [6], die Zeit der Stammesherrschaft [7], den Aufstieg Davids [8.9] und die errungene Ruhe vor den Feinden [1b]. Wenn man die Sätze in [9b–11a] wegen der besonderen Verbform *(w^{e}qāṭal)* auf die Vergangenheit des Volkes beziehen darf, dann wird die Zahl der Rückverweise sogar noch zahlreicher. Auf der anderen Seite gewährt die Rede des Herrn weitreichende Ausblicke in die Zukunft: Das Haus Davids wird für immer bestehen [11b.16]. In ähnlicher Weise wird Salomo nach seinem Regierungsantritt [12] und seinem Tempelbau [13a] eine dauerhafte Herrschaft begründen [13b]. Der geschichtliche Horizont des Erzählers reicht also vom Auszug Israels aus Ägypten bis weit in die Königszeit hinein, deren Ende allerdings noch nicht im Blick ist.

David und Salomo erhalten ähnliche Zusagen für eine kommende dauerhafte Herrschaft. Sind sie bloße Empfänger von Verheißungen? Achtet man auf den Kontext der Verheißungen, die der Herr Salomo zuteil werden läßt [13b–15], dann zeigt sich klar, daß der Sohn Davids keine rein passive Rolle spielt. Der Herr wird seinem Königsthron ewigen Bestand verleihen, nachdem er den Tempel errichtet hat [13a]. Der Bau des Heiligtums scheint die Voraussetzung für solch weitreichende Zusagen zu bilden. Ein Vergleich mit mesopotamischen Bauinschriften liegt nahe. Darin bringen Könige ihre Erwartung zum Ausdruck, daß die Götter ihnen – nach der Errichtung bzw. Wiederherstellung eines Tempels – langes Leben, einen beständigen Thron und zahlreiche Nachkommen gewähren. Als z. B. Nabopolassar (625–605 v. Chr.) den Etemenanki – den Stufenturm des Marduk-Tempels Esagila in Babylon – rekonstruiert hatte, richtete er die folgende Bitte an Marduk (TUAT II 4, 493): »Wie die Ziegel von Etemenanki fest sind auf ewig, gründe das Fundament meines Thrones fest bis in ferne Tage.« Die Sorge um einen Tempel und die Erwartung dauerhafter Herrschaft sind also im altorientalischen Denken eng miteinander verknüpft. Gilt dies auch für David? Hat er die Zusagen eines beständigen Königshauses [11b.16] schon auf Grund seines Planes erhalten, den er in der ersten Szene [1–3] geäußert hat? Der Kontext spricht dafür, daß der Herr bereits die gute Absicht Davids belohnt hat.

Die Rede des Herrn wirft bei genauerer Betrachtung eine Reihe weiterer Fragen auf: Warum erhalten sowohl David als auch Salomo Zusagen, die sich auf die gleiche Dynastie beziehen? Weshalb wird innerhalb der Rede des Herrn dort von ihm in der dritten Person gesprochen, wo es um eine Verheißung für David geht [11b]? Wie kommt es, daß der enge Zusammenhang zwischen der Frage, ob David den Tempel bauen will [5], und der Antwort darauf [13] so schwer zu erkennen ist und oft übersehen wird? Lehnt der Herr nach der einleitenden

mir kein Haus aus Zedernholz gebaut? 8 Sag also jetzt meinem Knecht
David: So spricht der Herr der Heere: Ich habe dich von der Weide 1 Sam 16[11.12]
und von der Herde weggeholt, damit du Fürst über mein Volk Israel Ps 78[70] Am 7[15] 5[2]
wirst, 9 und ich bin überall mit dir gewesen, wohin du auch gegangen 1 Sam 18[14]
bist. Ich habe alle deine Feinde vor deinen Augen vernichtet, und ich Ps 18[41]
will dir einen großen Namen machen, der dem Namen der Großen auf Gen 12[2]
der Erde gleich ist. 10 Ich will meinem Volk Israel einen Platz zuweisen
und es einpflanzen, damit es an seinem Ort (sicher) wohnen kann und Jer 2[21] 11[17]
sich nicht mehr ängstigen muß und schlechte Menschen es nicht mehr Ps 89[23]
unterdrücken wie früher 11 und auch von dem Tag an, an dem ich Rich-
ter in meinem Volk Israel eingesetzt habe. Ich verschaffe dir Ruhe vor Ri 2[16]
allen deinen Feinden. Nun verkündet dir der Herr, daß der Herr dir 1 Kön 8[20]
ein Haus bauen wird. 12 Wenn deine Tage erfüllt sind und du dich zu Gen 47[30]
deinen Vätem legst, werde ich deinen leiblichen Sohn als deinen Nach-
folger einsetzen und seinem Königtum Bestand verleihen. 13 Er wird 1 Kön 5[19] 6[12]
für meinen Namen ein Haus bauen, und ich werde seinem Königs- Jes 9[6]
thron ewigen Bestand verleihen. 14 Ich will für ihn Vater sein, und er Ps 89[27] 2[7]
wird für mich Sohn sein. Wenn er sich verfehlt, werde ich ihn nach Hebr 1[5] Lk 1[32]

rhetorischen Frage [5] nicht nur den Bauherrn David, sondern auch den Bau eines Tempels generell ab [6.7]? Warum darf dann Salomo überhaupt noch ein solches Haus bauen [13a]? Diese und ähnliche Fragen legen nahe, daß die theologisch wichtigen Themen Tempelbau und Verheißung immer wieder zu neuen Reflexionen angeregt haben. Es ist deshalb mit mehreren Erzählern und Bearbeitern zu rechnen.

Das Gespräch zwischen David und Natan [1a.2.3] gehört zur alten Tradition. Der Ausdruck »Gotteslade« ist uns schon in der frühen Ladeerzählung begegnet (1 Sam 3[3] 4[11] 5[1] 2 Sam 6[2] u. ö.). Da die kleine Erzählung noch aus der Zeit Davids herrührt, kann dieser schlicht »der König« genannt werden. Die Überführung der Lade in die Davidsstadt (6[12]) und der Kauf der Tenne des Arauna (24[18–25]) bezeugen die konkrete Absicht Davids, ein kultisches Zentrum in Jerusalem zu schaffen (Ps 132[2–5]). Der Plan Davids war später noch so gut bekannt, daß man sich noch in dtr (1 Kön 5[17] 8[17–19]) und chr Zeit (1 Chr 22[8] 28[3]) Gedanken machte, warum er nicht verwirklicht wurde. David unterbreitete sein Vorhaben gegenüber Natan, der die Rolle eines Beraters spielte. Natan sprach sich dafür aus, daß die Lade ein festes Haus bekommen soll, obwohl es andere gab, die mehr für die Beweglichkeit der Lade (Num 10[35] 14[41–45] 1 Sam 4[3–9] 2 Sam 11[11] 15[24–29]) plädierten. Daß David den Plan seinem »Geheimrat« Natan vortrug, rückt die Szene in die Nähe einer ägyptischen *Königsnovelle*, in der sich der Pharao ebenfalls von seinen hohen Beamten beraten ließ. – Zur alten Überlieferung gehören wohl auch jene Zusagen, die Natan David gegeben hat: Der Herr wird ihm ein Haus, d. h. eine Dynastie, errichten [11b]. Sein Haus, sein Königtum, sein Thron sollen für immer bestehen bleiben [16] (Ps 132[11]). Diese Verheißungen dürfen schon deshalb als recht alt angesehen werden, weil eine Inschrift aus Dan bekannt ist, die den Ausdruck »Haus David« bereits für das 9. Jh. v. Chr. bezeugt.

Menschenart mit Ruten und mit Schlägen züchtigen. 15 Meine Huld
1 Sam $15^{23.26}$ aber soll nicht von ihm weichen, wie sie von Saul gewichen ist, den ich
23^5 Ps 132^{11} Ps $89^{4.5.30}$ vor deinen Augen verstoßen habe. 16 Dein Haus und dein Königtum
sollen durch mich auf ewig bestehen bleiben; dein Thron soll auf ewig
Bestand haben. 17 Natan sprach zu David genau so, wie es (ihm) gesagt
und offenbart worden war.
Ex 3^{11} 18 Da ging König David hin und setzte sich vor dem Herrn nieder und
1 Sam 9^{21} 18^{18} sagte: Wer bin ich, mein Herr und Gott, und was ist mein Haus, daß
du mich bis hierher geführt hast? 19 Weil das in deinen Augen noch zu
wenig war, mein Herr und Gott, hast du dem Haus deines Knechtes
sogar Zusagen für die ferne Zukunft gemacht. Ist das eine Weisung,
Jes 55^8 wie sie einem (schwachen) Menschen zukommt, mein Herr und Gott?

7^{15} Wie sie von Saul gewichen ist: M, G, Vg und 1 Chr 17^{13} sehen jedoch im Herrn das Subjekt der Handlung: »wie ich sie Saul entzogen habe«.

7^{16} Durch mich: Korrektur in Anlehnung an G, S und La. M und Vg bezeugen aber »vor dir« als lectio difficilior.

Nachdem Salomo und nicht David den Tempel erbaut hatte, berücksichtigte ein jüngerer Erzähler diese Tatsache und schuf die nächtliche Rede des Herrn an Natan $^{4.5.8a\beta-9a.12-14a.15a}$. Ihre wesentlichen Elemente sind die rhetorische Frage ^{5b} und die entsprechende Antwort ^{13a}: »Willst etwa du *(ha'attāh)* mir ein Haus bauen, damit ich darin wohne?« – »Er *(hū')* wird mir (1 Chr 17^{12}) ein Haus bauen.« Dazwischen hat der Erzähler den Hinweis des Herrn auf die Erwählung Davids $^{8a\beta.b}$ (vgl. 1 Sam 16^{1-13}), den Beistand $^{9a\alpha}$, die Vernichtung der Feinde $^{9a\beta}$ sowie die Nachfolge Salomos ^{12} gestellt. An die Ankündigung, daß Salomo den Tempel bauen werde ^{13a}, schließen sich Zusagen für Salomo an: Sein Thron wird für immer fest stehen ^{13b} (Ps $89^{5.30.37.38}$). Der Herr wird ihn zu seinem Sohn machen ^{14a} (Ps 2^7 89^{27} 110^3) und ihm seine Gunst nicht entziehen ^{15b} (Ps 89^{34}). Literarisch läßt sich die Rede an Natan als ein *königliches Heilsorakel* verstehen, wie es uns auch in den bereits erwähnten mesopotamischen Bauinschriften begegnet. Die nächtliche Rede des Herrn kann aus der frühen Königszeit stammen. Denn der Anspruch der davidisch-salomonischen Dynastie wird bereits im Aufstand gegen die Königin Atalja geschichtlich faßbar (2 Kön 11^{1-20}). Die Zusagen gegenüber David $^{11b.16}$ sind wohl aus einer älteren Überlieferung, die Salomos Tempelbau noch nicht berücksichtigte (vgl. Ps 132), in die Rede des Herrn an Natan übernommen worden. So ist zu erklären, daß sich die Verheißungen in $^{11b.16}$ nicht ganz nahtlos in den Kontext einfügen. Die Zusagen für David und Salomo haben auch in der Folge ein lebendiges Interesse gefunden. Darauf weisen Bearbeitungen hin, deren Alter sich allerdings nicht genau feststellen läßt. ^{14b} Versagt Salomo – oder einer seiner Nachfolger –, dann wird er zwar mit dem Stock (Spr 10^{13} 13^{24} 22^{15} $23^{13.14}$ 26^3 29^{15}) gezüchtigt (Spr 3^{12} Ijob 5^{17} 22^4), aber der Herr entzieht ihm nicht die Huld, wie er sie Saul entzogen hat ^{15b} (1 Sam $13^{13.14}$ $15^{23.26}$ 28^{17}). Diese Zusätze $^{14b.15b}$ lassen eine gewisse Erfahrung mit der davidischen Dynastie erken-

20 Was soll David noch weiter zu dir sagen? Du kennst deinen Knecht, Ps 139^{1-4}
mein Herr und Gott. 21 Um deines Wortes willen und nach der Absicht
deines Herzens hast du alle diese großen Taten getan und deinem
Knecht offenbart. 22 Darum bist du groß, mein Herr und Gott. Ja, kei- Jer 10^{6}
ner ist dir gleich, und außer dir gibt es keinen Gott nach allem, was wir Jes 45^{5}
mit unseren Ohren gehört haben. 23 Welches andere Volk auf der Erde Ps 44^{2}
ist wie dein Volk Israel ? Wo wäre ein Gott hingegangen, um ein Volk Dtn $4^{7.34}$
für sich als sein Volk freizukaufen und ihm einen Namen zu machen
und für dieses Volk große und erstaunliche Taten zu vollbringen, so
wie du ganze Völker und ihre Götter vertrieben hast vor den Augen Dtn 10^{21}
deines Volkes, das du dir von den Ägyptern freigekauft hast? 24 Du hast
Israel auf ewig zu deinem Volk bestimmt, und du, Herr, bist sein Gott Ex 6^{7}
geworden. Dtn $26^{17.18}$

7^{23} 1 Chr 17^{21} bietet noch einen einfacheren Text.

nen, aber sie verraten noch nicht, ob sie das Ende des Hauses Davids kennen. – Daß der Herr David Ruhe vor seinen Feinden verschafft habe $^{1b.11a\beta}$, ist eine dtr Formel. Die ersten dtr Theologen ließen die Ruhe allerdings erst mit Salomo beginnen (1 Kön 5^{18}). Hier setzt sie schon zu Davids Zeiten ein, später verlegt man sie bereits in die Richterzeit (Dtn 12^{10} Jos 24^{44}) oder gar in die Ära vor der Landnahme (Dtn 3^{20} Jos $1^{13.15}$). – In spätdtr Zeit hat man auf das Heilshandeln des Herrn an seinem Volk hingewiesen; die Sätze in $^{9b-11a\alpha}$ beziehen sich auf die Vergangenheit (*w^eqāṭal*-Formen). Der Herr hat das Volk eingepflanzt; die bildliche Redeweise geht wohl auf Jeremia (2^{11} 11^{17}) zurück und ist gerade auch in den dtr Partien des Jeremia-Buches (Jer 24^{6} 31^{28} 32^{41} 42^{10}) anzutreffen. Daß Israel an seinem Ort sicher wohnen kann, erinnert an ein Heilswort Ezechiels (17^{23}). Im Unterschied zu seinen Feinden (Dtn 2^{25}) braucht sich Israel nicht mehr zu ängstigen. Schlechte Menschen werden es nicht mehr bedrücken (vgl. Ps 89^{23}). Nach dem Ende der davidischen Dynastie spricht man davon, welche Gunst der Herr seinem Volk erwiesen hat (Jes 55^{3}). – Solange der Tempel noch in Trümmern lag, stritt man über seinen Wiederaufbau. Während der Prophet Haggai sich positiv dafür einsetzte (1^{2-11}), lehnten andere ein solches Haus ab, da es den Herrn doch nicht fassen könne (1 Kön 8^{27} Jes 66^{1}). Eine ähnliche Ablehnung kommt in der Frage des Herrn an Natan ^{7} zum Ausdruck. Die gleiche Geisteshaltung verrät die Behauptung, daß der Herr noch nie in einem Haus gewohnt habe, sondern immer nur in einer Zeltwohnung *(b^e'ohæl ūb^emiškān)* umhergezogen sei ^{6}. Die Vorstellung von einem transportablen Heiligtum kommt dabei der Priesterschrift (Ex 26) nahe. – Natan überbrachte genau die Worte, die er gehört hatte (vgl. Dtn 4^{8} 29^{20}). Hier wird fast die Kanonformel des Gesetzes (Dtn 4^{2} 13^{1}) auf die Prophetie übertragen. Außerdem wird im Hebräischen von einer »Vision« gesprochen (Ijob 4^{13} 7^{14} 20^{8} 33^{15} Joël 3^{1} Sach 13^{4}), von der bislang keine Rede war.

Die Zusage gegenüber David hat sich in Psalmen (Ps 89 132) und in einigen Herrscherverheißungen (Jer 33^{17}, vgl. $23^{5.6}$ 30^{9} Ez $34^{23.24}$ $37^{24.25}$) nieder-

Dtn 9^{5} [25] Doch nun, Herr und Gott, verleih dem Wort, das du über deinen
1 Kön 2^{4} 6^{12} Knecht und über sein Haus gesprochen hast, für immer Geltung, und
Jer 29^{10} tu, was du gesagt hast. [26] Dann wird dein Name groß sein für ewige
Zeiten, und man wird sagen: Der Herr der Heere ist Israels Gott!, und
1 Kön 2^{45} das Haus deines Knechtes David wird vor deinen Augen Bestand haben. [27] Denn du, Herr der Heere, Gott Israels, hast deinem Knecht offenbart: Ich will dir ein Haus bauen. Darum fand dein Knecht den
Mut, so zu dir zu beten: [28] Ja, mein Herr und Gott, du bist der einzige
Num 23^{19} Gott, und deine Worte sind wahr. Du hast deinem Knecht ein solches
Num 6^{24-26} Glück zugesagt. [29] So segne jetzt gnädig das Haus deines Knechtes, damit es ewig vor deinen Augen Bestand hat. Denn du, mein Herr und Gott, hast es versprochen, und mit deinem Segen wird das Haus deines Knechtes fiir immer gesegnet sein.

geschlagen. Bisweilen kommt die Erwartung eines gerechten Herrschers (Jes 11^{1-8} Mi 5^{1-4} Sach $9^{9.10}$) der hiesigen Dynastiezusage nur nahe (Jes 9^{1-6}). In nachexilischer Zeit hat die Wirksamkeit Serubbabels für kurze Zeit hoffen lassen, daß die davidische Dynastie nicht erlischt (vgl. Jer 22^{24-30}), sondern erhalten bleibt (Hag 2^{23} Sach 4^{14} 6^{12}). Kurz vor der Zeitenwende hat die messianische Erwartung an die Zusage gegenüber David angeknüpft (Ps Sal 17. 18). In Qumran wurden die Zusagen, die Natan weitergegeben hatte, auf den »Erforscher des Gesetzes« (4 Q flor I 10.11) bezogen. Im NT gilt Jesus als »Sohn Davids« (Lk 3^{23-28} Mt 1^{1-17} Röm 1^{3}); als solcher wird er um Hilfe angerufen (Mk 10^{47}). Er ist sogar mehr als der Sohn Davids; er wird in Anlehnung an Ps 2^{7} und 2 Sam 7^{14} »Sohn Gottes« genannt (Mk 12^{35-37} Röm 1^{4} Hebr 1^{5} – insgesamt über 100 mal im NT). Die ntl Christologie kann ohne die Wirkungsgeschichte der Natanverheißung nicht verstanden werden.

$^{18-27}$ Nach einer Einleitung ^{18a} eröffnet David sein Gebet mit einem Hinweis auf die eigene Niedrigkeit ^{18b}. Dann preist er die erstaunliche Güte des Herrn $^{19-21}$ und dessen Unvergleichlichkeit $^{22-24}$. Schließlich bittet er darum, der Herr möge seine großartigen Verheißungen auch erfüllen $^{25-28}$.

Ein wesentliches Thema des Gebetes ist das Haus Davids, seine Dynastie $^{18-19.25-27.29}$. Damit greift David auf die vorangegangenen Verheißungen $^{11b.13b-16}$ zurück. Von ihnen wird aber so gesprochen, daß wir den Eindruck gewinnen, ihre Verwirklichung sei in akuter Gefahr. Das spricht für die Zeit des Exils, in der die Davididen nicht mehr regierten, als historischem Hintergrund. Die siebenfache Anrede »Herr und Gott« *('ᵃdōnāj JHWH)*, die sonst nur bei Ezechiel begegnet, verweist ebenso auf diese Ära wie der ausdrückliche Monotheismus ^{22} (Dtn $4^{35.39}$ Jes 45^{5}). Die Sprache ist zumindest in $^{22-25}$ dtr. ^{18} Der Hinweis auf die eigene niedrige Stellung fungiert sonst als Einwand gegen eine Berufung durch den Herrn (Ri 6^{15} 1 Sam 9^{21}) oder durch den König (1 Sam 18^{18}). ^{23} Der unvergleichliche Gott hat für sich ein Volk freigekauft, das seinerseits einzigartig bleibt (Dtn $4^{7.32-38}$). ^{24} David greift die sog. »Bundesformel« (Ex 6^{7} Lev 26^{12} Jer 7^{23} 11^{4} 24^{7} 30^{22} $3^{1.33}$ Ez 11^{20} 37^{27}) auf, bereichert sie aber auf seiten Israels durch die Worte »auf ewig«. Dem dtr Redaktor liegt viel

Die Siege Davids: 8[1–14]
1 Chr 18[1–13]

8[1] Hernach schlug David die Philister. Er unterwarf sie und nahm ih-
nen die Zügel der Herrschaft aus der Hand. [2]Auch die Moabiter
schlug er. Sie mußten sich nebeneinander auf die Erde legen, und er Num 24[17]
maß die Reihe mit einer Meßschnur ab: jeweils zwei Schnurlängen
wurden getötet, und jeweils eine volle Schnurlänge ließ er am Leben.

daran, daß die Verheißungen des Herrn nicht zeitlich begrenzt sind und darum auch in der Zeit des Exils gültig bleiben.

8[1–14] Der Abschnitt faßt die militärischen Erfolge Davids zusammen (vgl. für Saul 1 Sam 14[47–48]). David besiegt die Philister [1], die Moabiter [2], die aramäischen Staaten [3–8], erhält Geschenke aus Hamat [9.10] und widmet die Beute dem Herrn [11.12]. Der Sieg über die Edomiter [13.14a] fällt aus der Struktur der Perikope heraus und dürfte ein Nachtrag sein.

Der Sammler, der den Abschnitt hierher stellte, wollte damit zeigen: David, der die Lade Gottes nach Jerusalem gebracht hatte und für sie sogar ein Haus bauen wollte, konnte nicht nur die Hegemonie der Philister brechen [1], sondern auch die anderen Völker besiegen. Denn ihm half der Herr [6b.14]. – Daß David Angriffskriege führte, mag Anstoß erregen. Selbst im alten Israel teilte man nicht überall die Freude an solchen Aggressionen (10[1–19]). Der hiesige Sammler akzeptierte aber das Bild eines Königs, der im Namen des Herrn von Meer zu Meer und vom Strom bis an die Enden der Erde herrscht (Ps 72[8]), dem die Völker als Erbe zufallen und der sie mit eiserner Keule zerschlagen darf (Ps 2[8.9] vgl. Ps 110[6]).

[1] Von Kämpfen mit den Philistern war bereits die Rede (5[17–25]). Hier werden keine weiteren Details geboten (vgl. 21[15–22] und 23[8–18]), sondern das Ergebnis der einzelnen Kämpfe genannt. Nach dem Wortlaut hat David die Philister besiegt und unterworfen. Wir hören aber nichts von Tributleistungen der Philister. Sie blieben offenbar selbständig (1 Kön 2[39]), verloren aber die Hegemonie über Palästina. Das ist mit den Zügeln der Herrschaft – wörtlich: dem »Zaum der Elle« – gemeint.

[2] Die Moabiter hatten ihr Siedlungsgebiet südlich des Arnon *(sēl el-mōǧib)*. Sie waren unmittelbare Nachbarn des Stammes Gad (Num 32[34–36]). Grenzstreitigkeiten und Rivalitäten blieben nicht aus. In der Zeit der Richter sollen sie bis nach Jericho vorgedrungen sein (Ri 3[14]). David hatte zunächst recht gute Beziehungen zu Moab: Während seiner Verfolgung durch Saul bat er in Moab um Asyl für seine Eltern und erhielt es auch (1 Sam 22[3.4]). Ihm wurde sogar nachgesagt, daß er eine moabitische Urgroßmutter habe (Rut 4[17.21.22]). Um so mehr verwundert die grausame Behandlung der Kriegsgefangenen, von denen er zwei Drittel töten ließ. Der Chronist läßt diese Nachricht ganz weg (1 Chr 18[2]). Nach G und Vg ließ David die Hälfte am Leben; die Übersetzer wollten die Brutalität des Siegers in einem etwas milderen Licht erscheinen lassen. Davids Härte mag jedoch dazu beigetragen haben, daß es lange Zeit dauerte, bis sich erneut Widerstand in Moab regte (2 Kön 3[4–27]). [3] Der aramäische

1 Kön 11^{23} So wurden die Moabiter David untertan und tributpflichtig. 3 David
10^{16} schlug auch Hadad-Eser, den Sohn Rehobs, den König von Zoba, als
dieser ausgezogen war, um seine Macht am Eufrat wiederzugewinnen.
4 David nahm von ihm siebzehnhundert Wagenkämpfer und zwanzig-
Jos $11^{6.9}$ tausend Fußsoldaten gefangen; er ließ alle Wagenpferde lähmen und
behielt nur hundert (für sich) zurück.
5 Als die Aramäer von Damaskus Hadad-Eser, dem König von Zoba,
zu Hilfe kamen, erschlug David zwanzigtausend von den Aramäern 6
und besetzte das Aramäerreich von Damaskus. So wurden die Ara-
7^{9} mäer David untertan und tributpflichtig. Der Herr half David bei al-
1 Sam 18^{14} lem, was er unternahm.
7 David erbeutete die goldenen Schilde, die die Krieger Hadad-Esers
2 Kön 11^{10} trugen und brachte sie nach Jerusalem. 8 In Tebach und Berotai, den
Städten Hadad-Esers, erbeutete der König David eine große Menge
Bronze. 9 Als Toï, der König von Hamat, hörte, daß David das ganze
Jes 10^{9} Am 6^{2} Heer Hadad-Esers geschlagen hatte, 10 schickte er seinen Sohn Hado-
ram mit Gefäßen aus Gold, Silber und Bronze zu König David. Er ließ

8^{8} In Tebach: Korrektur nach S. M hat den Namen mit dem Wort für »Sicherheit« *(bæṭaḥ)* verwechselt.

8^{10} Hadoram: Korrektur nach 1 Chr 18^{10}. M liest »Joram«, vermeidet also den fremden Gottesnamen »Hadad«.

Staat von Zoba lag östlich des Antilibanon. Sein König Hadad-Eser hatte eine gewisse Hegemonie über die aramäischen Nachbarn erlangt. Wenn er »Sohn des Rehob« bzw. »Sohn von Rehob« genannt wird, dann kann sich das auf seine Herkunft beziehen. Es gab einmal ein aramäisches Königreich Bet-Rehob in der Nähe der Stadt Dan (Ri 18^{28}), das von Zoba unabhängig war ($10^{6.8}$). Hadad-Eser, der wohl aus Rehob stammte, vermochte seine Heimat und das Reich von Zoba in einer Hand zu vereinigen. Seine Macht kann sich nach assyrischen Zeugnissen durchaus bis an den Eufrat erstreckt haben (A. Malamat: BA 1959, 101 f). Sein Streben nach Hegemonie im syrisch-palästinensischen Raum 9.10 mußte ihn allerdings in Konflikt mit David bringen. 4 Man kann den schwierigen Text so verstehen, daß David die Pferde *für* hundert Wagen – also insgesamt 200 Tiere – unversehrt ließ. Er dachte offenbar noch nicht an den Aufbau einer Streitmacht mit Kampfwagen, die von Pferden gezogen wurden (vgl. 1 Kön 9^{19} und 10^{16}). David entsprach damit unbewußt dem späteren Königsrecht (Dtn 17^{16}). 5.6 Vielleicht warteten die Aramäer von Damaskus auf eine günstige Gelegenheit, das siegreiche, aber erschöpfte Heer Davids zu schlagen. Die vernichtende Niederlage zwang die Damaszener, an David Tribut zu zahlen und eine Besatzung zu dulden (vgl. 1 Kön 11^{23-25}).

7.8 David verfolgte mit den Kämpfen auch wirtschaftliche Ziele, wie die Konfiskation der Bronze von Tebach (Beka-Ebene) und Berotai (am Fuß des Antilibanon) zeigt.

9.10 Der König des neuhetitischen Staates von Hamat am Orontes unterwarf sich David nicht, sondern ließ nur seinen Sohn die Freude über

ihm den Friedensgruß entbieten und ihn dazu beglückwünschen, daß
er Hadad-Eser im Krieg geschlagen hatte; Toï lebte nämlich im Krieg
mit Hadad-Eser. [11] König David weihte auch diese Gefäße dem Herrn,
zusammen mit dem Gold und Silber, das er von all den Völkern, die er 1 Kön 7[51]
unterwarf, erbeutet hatte: [12] von Aram und Moab, von den Ammoni-
tern, den Philistern, von Amalek, sowie die Beute von Hadad-Eser,
dem Sohn Rehobs, dem König von Zoba.
[13] So machte sich David einen Namen. Als er nach dem Sieg über Aram 2 Kön 14[7]
zurückkehrte, schlug er Edom im Salztal, achtzehntausend Mann, [14] Ps 60[2]
und setzte in Edom Vögte ein. [In ganz Edom setzte er Vögte ein.] So Num 24[18] 2 Kön 8[20]
wurde ganz Edom von David unterworfen. Der Herr half David bei al-
lem, was er unternahm.

8[11] Erbeutet hatte: nach 1 Chr 18[11] korrigiert.
8[13] Schlug er Edom: Korrektur von »Aram« (M, Vg) in »Edom« (G, S und 1 Chr 18[12]).

die Niederlage seines Rivalen Hadad-Eser bekunden. Der Sohn heißt im hebräischen und syrischen Text »Joram«; die Einheitsübersetzung hat den Namen »Hadoram« aus 1 Chr 18[10] übernommen. Die beiden Namen unterscheiden sich im Gottesnamen. »Hadoram« kann eine Kurzform von »Hadadram« sein und bedeuten: »Hadad ist erhaben«. »Joram« besagt, daß der israelitische Gott erhaben ist. Welcher Name stand ursprünglich im Text? Da Hadad der aramäische Hauptgott war, könnte es sich bei »Hadadram« um den ursprünglichen Namen handeln. Sollte er von Abschreibern absichtlich geändert worden sein, um den aramäischen Gottesnamen »Hadad« zu vermeiden und den Verbündeten Davids mit dem israelitischen Gott in Verbindung zu bringen? Das ist möglich. Es ist aber ebenso damit zu rechnen, daß der Gottesname »Jau« in Syrien nicht ganz unbekannt war. Immerhin trägt im 8. Jh. v. Chr. ein König von Hamat den Namen »Jaubi'di« oder »Ilubi'di« (TUAT I 383–387); in den Annalen Tiglat-Pileser III. (745–727 v. Chr.) wird ein Azrijau genannt (TUAT I 370). Der Name »Joram«, den auch ein israelitischer (2 Kön 1[17] 3[1.6] 8[16.25–29] 9[14–29]) und ein judäischer Herrscher (2 Kön 8[16.21.24]) tragen, kann also durchaus auch der Name des Königssohnes von Hamat gewesen sein. [11.12] Hier wird schon ein Heiligtum in Jerusalem vorausgesetzt. Sollte man die Frömmigkeit Davids erst zu einer Zeit betont haben, als der Tempel Salomos schon stand? [13.14a] Der Sieg im Salztal begründete die Herrschaft über Edom, die David in den Besitz wertvoller Kupferminen brachte. Das Salztal wird entweder im gleichnamigen *wādi el-milḥ* südlich der Stadt Arad oder im Süden des Toten Meeres lokalisiert. Dort verloren die Edomiter 200 Jahre später auch eine Schlacht gegen die Judäer (2 Kön 14[7]). Nach dem Sieg Davids verfuhr Joab äußerst grausam mit den Edomitern und tötete alle wehrfähigen Männer, deren er habhaft werden konnte (1 Kön 11[15.16]). Edom blieb auch zu Salomos Zeiten noch ein Vasall (vgl. aber 1 Kön 11[21.22]) und konnte sich erst im 8. Jh. von Juda lösen (2 Kön 8[20]).

Die Beamten Davids: 8[15–18]
20[23–26]; 1 Chr 18[14–17]

2[13] Jer 22[15] [15] David war König von ganz Israel und sorgte für Recht und Gerech-
tigkeit in seinem ganzen Volk. [16] Joab, der Sohn der Zeruja, war Heer-
15[24] führer, und Joschafat, der Sohn Ahiluds, war Sprecher des Königs. [17]
1 Sam 22[20] 1 Kön 2[26.27] Zadok, der Sohn Ahitubs, und Abjatar, der Sohn Ahimelechs, waren
1 Sam 30[14] Priester, Seraja war Staatsschreiber. [18] Benaja, der Sohn Jojadas, war
der Befehlshaber der Kereter und Peleter. Auch die Söhne Davids wa-
ren Priester.

8[17] Abjatar, der Sohn Ahimelechs: nach S korrigiert (vgl. 1 Sam 22[20] 23[6] 30[7]). M vertauscht die Namen.
Seraja: so M, S und Vg. G bezeugt »Susa«, 1 Chr 18[16] »Schawscha«. Vgl. 20[25] und 1 Kön 4[3].

8[15–18] Das erste Verzeichnis der hohen Beamten aus dem Großreich (vgl. 20[23–26] und 1 Kön 4[2–6]) gibt uns einen Einblick in die Innenpolitik Davids. Für jedes wichtige Ressort bestellte er zwei Männer, damit die Macht nicht in einer Hand lag. Joschafat und Seraja – der Sprecher und der Staatsschreiber – waren für den zivilen Bereich verantwortlich. Zadok und Abjatar leiteten den Kult in Jerusalem. Joab führte den Heerbann an, Benaja die Söldner. Die hiesige Liste dürfte älter als ihre Dublette in 20[23–26] sein. Dort wird bereits Adoniram, der Verantwortliche für den Frondienst, genannt, der während der gesamten Zeit Salomos im Amt war (20[24] 1 Kön 4[6] 12[18]).
[15] David verwirklichte »Recht und Gerechtigkeit«, wie es Aufgabe des Königs war (Ps 72[1.2] 89[15] Jer 9[6] Jer 22[3.15]). Darum galt er später als idealer König (Jer 23[5]). [16] Joab führte das Aufgebot der freien Israeliten an (vgl. Dtn 20[5–7]). Joschafats Aufgabe läßt sich nicht näher umschreiben. Er hat das Amt noch zu Zeiten Salomos inne (1 Kön 4[3] 12[18]). [17] Abjatar war der Rache Sauls an der Priesterschaft von Nob entgangen (1 Sam 22[6–23]) und diente seitdem David (1 Sam 23[6.9] 30[7]). Zadok könnte ein jebusitischer Priester gewesen sein, da er erst nach der Eroberung Jerusalems auftrat (2 Sam 15[24.29.35] 17[15] 19[12]). [18] Die Kereter waren im Negeb, dem »Südland«, beheimatet (1 Sam 30[14]). Kereter und Peleter gehörten zu den sog. Seevölkern, die um 1200 v. Chr. aus dem ägäischen Raum gekommen waren, Kleinasien erobert und Ägypten bedrängt hatten. Benajas Heldentaten werden uns in 23[20–23] mitgeteilt.
9[1–13] Davids Sorge für Merib-Baal, den Sohn seines Freundes Jonatan, wird am Beginn der sog. Thronfolgeerzählung ins rechte Licht gerückt. Nach einer Einleitung [1] spricht David in drei Szenen mit Ziba [2–4], mit Merib-Baal [5–8] und nochmals mit Ziba [9–11]. Den Abschluß bilden kurze Notizen zu Merib-Baal und Ziba [12.13].
David möchte dem Sohn Jonatans jene »göttliche Huld« erweisen, die er einst Jonatan zugesichert hat (1 Sam 20[14–17.42] vgl. 24[22.23]). Die Wendung »Huld erweisen« begegnet uns dreimal im Munde Davids [1.3.7]. Sie gibt das Thema der Erzählung an. Achtet man auf die Orte, dann wird deutlich, worin die Gunst Davids besteht. Hat der gelähmte Merib-Baal

Jonatans Sohn: 9^{1-13}

9 1 David sagte: Gibt es noch jemand, der vom Haus Saul übriggeblie-
ben ist? Ich will ihm um Jonatans willen eine Huld erweisen. 2 Zum 1 Sam $18^{3.4}$ 20^{15}
Haus Sauls gehörte ein Knecht namens Ziba; man rief ihn zu David, 16^{1}
und der König fragte ihn: Bist du Ziba? Er antwortete: Ja, dein
Knecht. 3 Der König fragte ihn: Ist vom Haus Sauls niemand mehr am $21^{8.9}$
Leben, daß ich ihm göttliche Huld erweisen könnte? Ziba antwortete
dem König: Es gibt einen Sohn Jonatans, der an beiden Füßen gelähmt 4^{4} 21^{7}
ist. 4 Der König sagte zu ihm: Wo ist er? Ziba antwortete dem König:

(vgl. 4^{4}) bislang im Haus eines Ostjordaniers sein Auskommen gefunden [4.5], so wird er in Zukunft am Tisch des Königs in Jerusalem essen dürfen [7.10.11.13].

Der Erzähler setzt voraus, daß irgendwann in der Vergangenheit das Hab und Gut Sauls in Davids Hände gefallen ist [7.9]. Im Augenblick gibt David den Besitz Sauls an den letzten Erben zurück. In Zukunft wird der Diener Sauls die wiedererhaltenen Felder für Merib-Baal bearbeiten [10], der allerdings an der königlichen Tafel speisen wird. Es wird noch nichts darüber gesagt, welche Probleme es während und nach dem Aufstand des Abschalom geben wird (16^{1-4} 19^{25-31}).

Der Hörer oder Leser vernimmt schon zu Beginn der Erzählung [1], was David mit dem Erben Jonatans vorhat. Merib-Baal weiß dagegen nicht, was ihn am Hof Davids erwartet. Er nähert sich dem König offenbar mit Furcht und Zittern [7]. Diese Angst Merib-Baals verleiht der Erzählung eine gewisse Spannung. Als Merib-Baal erfährt, daß er von David nichts zu befürchten hat, drückt er seine Erleichterung aus [8].

Die Rolle Davids ist eindeutig: Er ist der großzügige König. Ziba fügt sich dem neuen mächtigen Herrn. Da David den Diener Sauls sofort darüber informiert, daß er dem Erben Sauls seine Gunst erweisen werde, verrät Ziba ohne Bedenken, wo sich Merib-Baal befindet [4]. Ziba hebt am Ende auch seinen Gehorsam gegenüber dem königlichen Befehl hervor [11]. Merib-Baal selbst ist ohnmächtig. Der König holt ihn herbei und eröffnet ihm, was er zu tun gedenkt. Merib-Baal könnte sich gegen die Entscheidung des Königs auch dann nicht auflehnen, wenn sie seinen Interessen zuwiderlaufen würde.

Die einleitende Frage Davids, ob es noch einen Überlebenden aus dem Haus Sauls gebe [1], wiederholt der König wenig später gegenüber Ziba [3]. Dabei sind aber die Unterschiede zu beachten. Nur beim ersten Mal weist David ausdrücklich auf sein gutes Verhältnis zu Jonatan hin, dem er geschworen hat, seine Familie zu verschonen (1 Sam 20^{14-17}). Außerdem fragt David lediglich hier, ob jemand vom Hause Sauls »übriggeblieben« sei [1]. Die entsprechende Verbform *(nōtar)* wird meist im Zusammenhang mit gewaltsamem Tod in Kampf und Krieg gebraucht (13^{30} 17^{12} Jos $11^{11.22}$ 1 Sam 25^{34}). Damit spielt David in [1] deutlicher als in [3] darauf an, daß Saul und drei seiner Söhne auf dem Gebirge Gilboa gefallen sind (1 Sam 30^{2}) und daß zwei Offiziere Ischbaal erschlagen haben (4^{7}). Es ist sogar möglich, daß David in [1] die Auslieferung von sieben Nachkommen Sauls an die Gibeoniter voraussetzt (21^{1-14}). Diese Über-

Er lebt jetzt im Haus Machirs, des Sohnes Ammiëls, in Lo-Dabar. [5] Da
17^{27} schickte der König David hin und ließ ihn aus dem Haus Machirs, des
19^{25} Sohnes Ammiëls, in Lo-Dabar holen. [6] Als Merib-Baal, der Sohn Jona-
tans, des Sohnes Sauls, zu David kam, warf er sich (vor ihm) auf sein
Gesicht nieder und huldigte ihm. David sagte: Merib-Baal! Er antwor-
19^{29} tete: Hier ist dein Knecht. [7] David sagte zu ihm: Fürchte dich nicht;
denn ich will dir um deines Vaters Jonatan willen eine Huld erweisen:
Ich gebe dir alle Felder deines Großvaters Saul zurück, und du sollst
1 Kön 2^{7} immer an meinem Tisch essen. [8] Da warf sich Merib-Baal (vor ihm)
2 Kön 25^{29} nieder und sagte: Was ist dein Knecht, daß du dich einem toten Hund
9–11: $19^{29.30}$ zuwendest, wie ich es bin? [9] Der König David rief Ziba, den Diener

9^{6} Merib-Baal: vgl. 4^{4}.

lieferung ist allerdings aus der großen Sammlung der Davidstradition verdrängt worden, weil sie dem Schwur Davids gegenüber Saul, dessen Haus zu verschonen (1 Sam $24^{22.23}$), allzu deutlich widersprach und damit das positive Bild Davids in Gefahr brachte.

Die erste Äußerung Davids ^{1} kann in einem jüngeren Stadium der Tradition vorangestellt worden sein. Dafür spricht nicht nur der weitere Horizont – der Bezug zu anderen Überlieferungen –, sondern auch der Name »David«. Denn im alten Kern der Erzählung wird von »dem König« gesprochen $^{2b-5.9.11}$. Damit verrät die frühe Tradition, daß sie noch aus einer Zeit stammt, in der David ganz selbstverständlich »der König« war. Jene Sätze, in denen der Name »David« gebraucht wird $^{1.2a.6.7}$, können nach dem Tod Davids formuliert oder bearbeitet worden sein.

Worin bestand die Gunst, die David Merib-Baal erwiesen hat? Die Überlieferung ist an diesem Punkt nicht ganz einhellig. Einerseits konnte Merib-Baal wieder über das Eigentum Sauls verfügen und davon leben, andererseits durfte er an der Tafel des Königs speisen ^{10a}. Hätte nicht eines von beiden genügt? Man kann zwar die beiden Angaben dadurch miteinander ausgleichen, daß David den Ertrag der Felder Sauls erhielt und davon Merib-Baal an seinem Tisch freihielt. Warum ist das aber nicht ausdrücklich gesagt? Vermutlich bestand der Gunsterweis des Königs ursprünglich darin, daß David die Felder Sauls seinem Erben zurückgab (vgl. 2 Kön 8^{1-6}). Eine Szene während des Abschalom-Aufstandes (16^{1-4}) geht davon aus, daß Merib-Baal das Hab und Gut Sauls erhalten hat. Später hat man hinzugesetzt, daß Merib-Baal auch am Tisch des Königs speisen durfte. In den Augen des jüngeren Erzählers war der Platz an der königlichen Tafel eine Auszeichnung ^{11} (vgl. 19^{26} 1 Kön 2^{7}).

Historisch gesehen ist allerdings zu fragen, ob David durch diese Maßnahme den möglichen Thronanwärter nicht kontrollieren wollte (16^{3} 19^{26}). Das vermeintliche Privileg war dann der erfolgreiche Versuch, jede eigenständige Politik des gelähmten Nachkommen Sauls zu verhindern. Das Schicksal des judäischen Königs Jojachin, der zwar begnadigt, aber nicht freigelassen wurde (2 Kön 25^{27}), bietet sich zum Vergleich an.

Die Erzählung wirft noch eine andere Frage zum historischen Geschehen auf. War Merib-Baal wirklich der Sohn Jonatans, wie mehrfach ver-

Sauls, und sagte zu ihm: Alles, was Saul und seiner ganzen Familie ge-
hört hat, gebe ich dem Sohn deines Herrn. [10] Du sollst mit deinen Söh-
nen und Knechten für ihn das Land bebauen und ihm den Ertrag brin-
gen, damit der Sohn deines Herrn zu essen hat. Merib-Baal selbst aber,
der Sohn deines Herrn, soll immer an meinem Tisch essen. Ziba hatte
fünfzehn Söhne und zwanzig Knechte. [11] Ziba sagte zum König: Ge-
nauso, wie es mein Herr, der König, seinem Knecht befohlen hat, wird
es dein Knecht tun. Und Merib-Baal aß am Tisch Davids wie einer von
den Söhnen des Königs. [12] Merib-Baal hatte einen kleinen Sohn na- 1 Chr 8[34]
mens Micha, und alle, die im Haus Zibas wohnten, waren Merib-Baals
Knechte. [13] Merib-Baal blieb also in Jerusalem; denn er aß immer am
Tisch des Königs; er war aber an beiden Füßen gelähmt.

9[11] Am Tisch Davids: nach G und S korrigiert. M liest »an meinem Tisch«.

sichert wird [3.6]? In der Erzählung über die Auslieferung der Nachkommen Sauls ist von einem gleichnamigen Sohn Sauls die Rede, den ihm die Nebenfrau Rizpa geboren hat (21[8]). In der hiesigen Erzählung wird Saul ebenfalls einmal als Vater Merib-Baals bezeichnet [7]; die Übersetzung spricht allerdings vom »Großvater«. Außerdem ist zu beachten: Ziba soll für den Sohn seines Herrn arbeiten [10]; sein Herr war aber Saul, nicht Jonatan. Nimmt man die Fortsetzung (16[1–4]) hinzu, dann wird Merib-Baal zumindest nachgesagt, er habe sich durch den Aufstand Abschaloms Hoffnungen auf das Königtum seines Vaters gemacht (16[3]). Da Jonatan nie König war, kann damit nur Saul gemeint sein. Warum sollte aber Merib-Baal, der Sohn Sauls und der Rizpa, nachträglich zu einem Sohn Jonatans gemacht worden sein? Dafür könnte man einen triftigen Grund gehabt haben: Man wollte bestätigen, daß David seinen Schwur gegenüber seinem Freund (1 Sam 20[14–17]) erfüllt habe.

[3] Ziba wies auf die Lähmung hin (vgl. 4[4]) und betonte damit, daß Merib-Baal dem König nicht gefährlich werden konnte. [4] Merib-Baal hatte sich zu dem begüterten Machir (17[27–29]) geflüchtet, weil ihm sein väterliches Erbe nicht mehr zur Verfügung stand. Lo-Dabar (*tell el-ḥamme* an der Einmündung des Jabbok in die Jordansenke) lag nur etwa 8 km nordwestlich von Mahanajim, dem Regierungssitz Ischbaals (2[8.9]). [8] Die Bezeichnung »toter Hund« brachte die besondere Demut zum Ausdruck (1 Sam 24[15], anders 16[9]). [12a] Hier beginnen offenbar eigenständige Notizen, die später an die Erzählung angehängt worden sind. Die Angaben in [13] sollten ähnlich wie Zibas Wort in [3] unterstreichen, daß von Merib-Baal keine Gefahr ausging: Er stand unter der Aufsicht des Königs und war zudem gelähmt.

10[1–19] Während man an anderer Stelle (8[1–14] 11[1a] 12[26–31]) die militärische Macht Davids rühmt, wird er hier als ein friedfertiger König vorgestellt, der nur dann Krieg führt, wenn ihm kein anderer Ausweg bleibt. Eine Aggression gilt bereits als Frevel. Nach einer drastischen Beleidigung der Boten Davids durch den ammonitischen König [1–5] verteidigen sich Joab und Abischai erfolgreich gegen eine Koalition aus Aramäern und Ammonitern [6–14], bevor David selbst ein mächtiges feindliches Heer überwältigt [15–19].

DIE GESCHICHTE VON DAVIDS THRONFOLGE: 10^{1}–20^{26}; 1 Kön 1^{1}–2^{46}

Der Krieg mit den Ammonitern und den Aramäern: 10^{1-19} 1 Chr 19^{1-19}

10^{1} Als darauf der König der Ammoniter starb und sein Sohn Hanun
1 Sam 11^{1} an seiner Stelle König wurde, ^{2} sagte David: Ich will Hanun, dem Sohn
des Nahasch, mein Wohlwollen zeigen, so wie sein Vater mir sein
Wohlwollen gezeigt hat. Und David schickte eine Gesandtschaft zu
ihm und ließ ihm durch seine Diener sein Beileid zum Tod seines Va-
ters aussprechen. Als die Diener in das Land der Ammoniter kamen, ^{3}
sagten die Fürsten der Ammoniter zu Hanun, ihrem Herrn: Will Da-
vid wirklich deinen Vater vor deinen Augen ehren, weil er Leute
schickt, die dir sein Beileid aussprechen sollen? Hat David seine Die-
3^{25} ner nicht viel eher zu dir geschickt, um die Stadt zu durchforschen und

$^{1-5}$ Am Anfang steht eine ganz und gar friedliche Szene $^{1.2}$: Nach dem Tod des bisherigen ammonitischen Königs schickt David gemäß einer schon damals geltenden Konvention (1 Kön 5^{15}) Boten zum neuen König, um sein Beileid zu bekunden. Dabei betont David, daß er die Gunst des bisherigen Königs erfahren hat und sie darum auch dem gegenwärtigen Herrscher erweisen möchte. – Die zweite Szene $^{3-5}$ steht dazu in deutlichem Kontrast. Die Berater des jungen, unerfahrenen Königs Hanun nähren den Zweifel daran, ob David ihrem neuen Herrn wirklich kondolieren wolle. Sie rechnen mit einem Versuch, das Land auszukundschaften (vgl. Gen 42^{9-16} Jos 2^{1-3} 6^{22-25} 7^{2} Ri $18^{2.14}$). Da der Erzähler keinen Grund für diesen Argwohn angibt, hält er ihn auch nicht für berechtigt. Hanun folgt den Einflüsterungen seiner Ratgeber (vgl. 1 Kön $12^{8-11.12-14}$). Wollte David den neuen Regenten ehren ^{3}, so beleidigt Hanun dessen Boten und damit auch ihren König, indem er ihnen den Bart rasieren und sie buchstäblich bloßstellen läßt. Das wäre eigentlich ein Anlaß zu einem Krieg. Doch Davids erste Sorge gilt seinen Dienern. Er läßt sich nicht so leicht provozieren.

König Hanun spielt allerdings im folgenden kaum eine Rolle mehr – weder beim Kampf vor den Toren seiner Hauptstadt Rabba $^{6-14}$ noch bei deren Eroberung (12^{26-31}). Ihm wird allenfalls die Krone abgenommen (12^{30}). Das weist auf einen Abstand der hiesigen Erzählung zur übrigen Tradition hin. Die Szenen in $^{1-5}$ könnten zu einem etwas jüngeren Zeitpunkt gestaltet worden sein, um die Schuld an der Auseinandersetzung dem ammonitischen König und seinen Beratern zuzuschreiben.

^{2} Es ist sehr gut möglich, daß David zum eben verstorbenen König Nahasch gute Beziehungen unterhalten hat. David wurde immerhin von dem verfolgt, der Nahasch besiegt hatte (1 Sam 11^{1-11}). Saul war ihr gemeinsamer Gegner. Außerdem wird überliefert, daß Schobi, der auch ein Sohn des Nahasch aus der Ammoniterstadt Rabba war, den vor Abschalom geflohenen David reich beschenkt hat (17^{27-29}). ^{4} Der Bart war in Israel ein Zeichen männlicher

auszukundschaften und sie dann verwüsten zu lassen? 4 Darauf ließ
Hanun die Diener Davids festnehmen, ihnen die Hälfte des Bartes ab- Jes 15[2] 20[4]
scheren und ihnen die Kleider zur Hälfte abschneiden, bis zum Gesäß
herauf. So schickte er sie weg. 5 Als man David das meldete, schickte er
ihnen jemand entgegen und ließ ihnen, weil sie so schwer geschändet
waren, sagen: Bleibt in Jericho, und kehrt erst zurück, wenn euer Bart
wieder gewachsen ist. 6 Als die Ammoniter merkten, daß sie sich bei
David verhaßt gemacht hatten, schickten sie (Boten) und warben die Gen 34[30]
Aramäer von Bet-Rehob und von Zoba an, zwanzigtausend Mann Num 13[21] Ri 18[28] 8[3.5.12]
Fußvolk, außerdem den König von Maacha mit tausend Mann und die Ri 11[3.5]
Leute von Tob mit zwölftausend Mann. 7 David erfuhr davon und
schickte Joab mit dem ganzen Heer, allen kriegstüchtigen Männern, 11[1]
hin. 8 Die Ammoniter rückten aus und stellten sich vor dem Stadttor
zum Kampf auf, während die Aramäer von Zoba und Rehob und die 11[17]

10[8] Stadttor: so G^L und 1 Chr19[9]. M und die alten Übss lesen meist »am Eingang des Tores«.

Würde. Freiwillig wurde er nur zum Zeichen der Trauer (Esra 9[3] Jer 41[5]) oder der Klage (Jer 48[37]) rasiert. Es war eine Schande, wenn jemandem der Bart geschoren wurde (Jes 7[20]). Nach 1 Chr 19[8] und G hat Hanun den Boten allerdings den ganzen Bart, nicht nur eine Hälfte abrasieren lassen. Im hebräischen Text könnte die »Hälfte« aus der zweiten schimpflichen Behandlung übernommen worden sein. Doch in der Antike konnte man auch jemandem die rechte Wange kahlscheren, um ihn zu verspotten (Herodot II 121).

6–14 Nach der entehrenden Behandlung der Boten wäre es verständlich gewesen, wenn David die Ammoniter angegriffen hätte. Doch das Gegenteil wird erzählt: Während sich David sogar in dieser Situation noch zurückhielt, warben die Ammoniter aramäische Verbände an und rüsteten zum Kampf. David reagierte erst, als er davon hörte. Deutlicher konnte seine defensive Einstellung gar nicht zum Ausdruck gebracht werden. Er sandte Joab aus, der sich bald von zwei Seiten eingekreist sah. Davids Feldherr konnte sich allerdings auf sein taktisches Geschick, die Solidarität der beiden Heeresteile, den Mut seines Bruders Abischai und vor allem auf den Herrn verlassen [9–12]. Die Israeliten gewannen die Schlacht, wenn auch noch nicht den Krieg.

Haben sich die Israeliten aber wirklich verteidigt? Die Schilderung läßt noch klar erkennen, daß man vor den Toren der ammonitischen Hauptstadt kämpfte [8.14]. Die Schlacht vor Rabbat-Ammon könnte eine Etappe jener Aggression widerspiegeln, die mit der Eroberung der Stadt endete (12[26–31]). Bezweifeln darf man außerdem, ob Aramäer und Ammoniter je miteinander verbündet waren. In den alten Notizen über Davids Kämpfe (8[1–14]) ist davon nicht die Rede.

6 Die aramäischen Reiche Bet-Rehob und Zoba werden hier voneinander unterschieden (vgl. 8[3]), ihre Heere jedoch nicht. Der König von Maacha regierte einen kleinen Staat in der Nähe der Stadt Abel-Bet-Maacha (20[14.15]). Der Name Tob hat sich eventuell im heutigen *eṭ–ṭajibe,* einem Ort zwischen Edreï und Bosra, erhalten.

Leute von Tob und Maacha jeweils für sich draußen auf dem freien
Feld standen. [9] Als Joab sah, daß ihm ein Angriff von vorn und von hin-
ten drohte, traf er eine Auswahl aus den Kerntruppen Israels und
2[18] 1 Sam 26[6] stellte sie gegen die Aramäer auf. [10] Den Rest des Heeres unterstellte er
seinem Bruder Abischai, damit er sie den Ammonitern gegenüber auf-
stelle. [11] Joab sagte: Wenn die Aramäer stärker sind als ich, dann komm
du mir zu Hilfe! Wenn die Ammoniter stärker sind als du, dann werde
Jos 1[6] ich dir zu Hilfe kommen. [12] Sei tapfer! Wir wollen mutig für unser
Dtn 31[6] Volk und für die Städte unseres Gottes kämpfen. Der Herr aber möge
tun, was er für recht hält. [13] Da griff Joab mit seinen Leuten die Ara-
mäer an, und diese ergriffen die Flucht vor ihm. [14] Als die Ammoniter
1 Kön 20[19.20.29.30] sahen, daß die Aramäer flohen, ergriffen auch sie die Flucht vor
Abischai und zogen sich in die Stadt zurück. Joab kehrte nach dem
12[31] Kampf gegen die Ammoniter nach Jerusalem zurück.
[15] Die Aramäer sahen, daß sie von Israel geschlagen waren, aber sie
8[3] sammelten sich wieder. [16] Hadad-Eser schickte Boten und ließ die Ara-

[15–19] Die Taktik des Krieges hätte geboten, die flüchtenden Aramäer zu verfolgen (vgl. Ri 3[28] 4[16] 7[23.25] 8[4.5.12] 9[40] 1 Sam 17[52] 1 Kön 20[20]). Doch die Initiative lag nicht bei den Siegern, sondern bei den Besiegten. Die Aramäer sammelten sich wieder und waren als erste auf dem Schlachtfeld. David war »gezwungen«, sich dem aramäischen Heer entgegenzustellen. Er besiegte die Angreifer vernichtend und tötete ihren Heerführer Schobach.

Hat sich David nur defensiv verhalten? Wie sehr der Erzähler einen Angriff Davids verschleiert, merkt man, wenn man das Schlachtfeld bei Helam zu lokalisieren versucht. Der Name Helam könnte sich im heutigen *ʿilma* – einem Ort in der Ebene des Hauran – erhalten haben (vgl. Alema in 1 Makk 5,26). David »verteidigte« sich also nicht auf israelitischem, sondern wiederum auf aramäischem Gebiet.

Hadad-Eser spielte bei Helam nur eine beschränkte Rolle. Er mobilisierte zwar die Aramäer »jenseits des Stromes«, aber die übrigen Aramäer hatten sich zuvor schon auf eigene Initiative versammelt. Auf dem Schlachtfeld war er auch nicht zugegen. Die Führung der Aramäer lag allein in den Händen eines gewissen Schobach, der auch im Kampf fiel. Wir dürfen vermuten, daß Hadad-Eser erst nachträglich eine Rolle beim Kampf von Helam zugewiesen wurde (vgl. 8[3.4]).

Wie eng schließt sich das Gefecht bei Helma [15–19] an die Auseinandersetzung vor den Toren von Rabbat-Ammon [6–14] an? Beide Überlieferungen hatten ursprünglich kaum etwas miteinander zu tun. Während David die Schlacht vor der ammonitischen Hauptstadt lange Zeit Joab und Abischai überläßt [7–14] (vgl. 11[1a] 12[26–29]), führt er die Israeliten bei Helam von vornherein selbst an. Der Kern der Tradition von [15–19] kann in eine frühe Zeit der Regierung Davids zurückreichen, als er sich noch aktiv am Kampf beteiligte (vgl. 21[15–17]). Diese Überlieferung läßt in ihrer unbearbeiteten Gestalt keine Beziehung zur Auseinandersetzung mit den Ammonitern erkennen.

[16] Es heißt wörtlich, daß Hadad-Eser die Aramäer, die »jenseits des Stro-

mäer, die diesseits des Stroms wohnten, ausrücken. Sie kamen nach
Helam, an ihrer Spitze Schobach, der Oberbefehlshaber Hadad-Esers.
17 Als man das David meldete, versammelte er ganz Israel, überschritt
den Jordan und kam nach Helam. Die Aramäer nahmen David gegen-
über Aufstellung und eröffneten den Kampf gegen ihn. 18 Doch sie
mußten vor den Israeliten fliehen. David vernichtete siebenhundert 8^{4}
aramäische Kriegswagen und tötete vierzigtausend Reiter. Auch Scho-
bach, den Oberbefehlshaber des Heeres, schlug er nieder, so daß er an
Ort und Stelle starb. 19 Die Könige, die Hadad-Esers Vasallen waren,
sahen nun ein, daß sie von den Israeliten besiegt waren. Sie schlossen
Frieden mit den Israeliten und unterwarfen sich ihnen. Von da an
fürchteten sich die Aramäer, den Ammonitern noch weiter zu helfen.

mes« wohnten, ausrücken ließ. Da der Ausdruck später auf das Land westlich des Eufrat bezogen wurde (1 Kön 5^{4} Esra 8^{36} Neh $2^{7.9}$ 3^{7}), lautet er in der Einheitsübersetzung »diesseits des Stromes«. Historisch gesehen mag es unwahrscheinlich klingen, daß die Macht des Aramäers über den Eufrat hinweggereicht hat. Der Bearbeiter kann jedoch überzeugt gewesen sein, daß das Reich Hadad-Esers auch Gebiete jenseits des Stromes und d. h. östlich des Eufrat umfaßt hat (1 Kön 14^{15} vgl. Jos $24^{2.3.14.15}$ Jes 7^{20}). 18 Wörtlich übersetzt »tötete« David siebenhundert aramäische Kampfwagen. Der Satz kann sich jedoch nur auf die Besatzung und die Gespanne, nicht auf die Wagen selbst beziehen. Das hebräische Wort, das mit »Reiter« wieder gegeben wird *(pārāš)*, meint eher die Fahrer und die Bogenschützen auf den Kriegswagen. Mit Bogen bewaffnete Reiter traten erst in der Zeit des Assurbanipal (668–632? v. Chr.) verstärkt auf. Da aber 40000 Krieger kaum auf 700 Kampfwagen Platz hatten, ist die Lesart »Infanteristen« *(ragli)* zu beachten, die in 1 Chr 19^{18}, bei Josephus (Ant VII 128) und in der Vetus Latina bezeugt wird.

Die Erzählung erweckt offenkundig den falschen Eindruck, als habe sich David immer nur defensiv verhalten. Die alte Tradition vom Krieg gegen die Ammoniter (11^{1a} $12^{26–31}$) geht davon aus, daß David den Angriff befahl. Die hiesige Erzählung vertauscht die Rollen. Sie ist aber nicht an einer genauen Widerspiegelung der historischen Verhältnisse interessiert, sondern an einer neuen Einstellung zu Krieg und Frieden. Die Kritik, die die Propheten an der Rüstung geübt haben (vgl. Jes $31^{1.3}$ Mi $5^{9.10}$), mag aus einer ähnlichen Quelle gespeist sein. Wenn man über Gewalt und Krieg in der Bibel spricht, sollte man das Bild des friedfertigen David in der hiesigen Erzählung nicht vergessen.

$11^{1–27}$ Der Ehebruch Davids mit Batseba und die Ermordung des Hetiters Urija setzen als Hintergrund den Krieg mit den Ammonitern voraus [1a], dessen Ausgang wir später kennenlernen ($12^{26–31}$). David, der in Jerusalem geblieben ist [1b], bricht dort mit Batseba, der Frau des Hetiters Urija, die Ehe [2–5]. Der Versuch des Königs, seinen Fehltritt zu verschleiern, mißlingt [6–13]. Deshalb greift er zu dem äußersten Mittel; er läßt Urija an der Front töten [14–25]. Danach kann er Batseba, die ihm einen Sohn gebiert, zur Frau nehmen [26.27].

Der Erzähler versteht es, durch ein

langsameres oder schnelleres Erzähltempo Akzente zu setzen. Der Feldzug gegen Ammon wird mit wenigen Worten bedacht [1a]. Die Tage, die es gedauert hat, bis ein Bote Joab unterrichtet und dieser den Urija nach Jerusalem gesandt hat [6], werden in der Erzählung in drei Sätzen zusammengefaßt. Die Rückkehr Urijas ins Lager wird eher vorausgesetzt als geschildert [14]. Um so größere Aufmerksamkeit widmet der Erzähler den Unterredungen zwischen David und Urija [7.8a.10–12], dem Auftrag Joabs an seinen Boten [19–21] und dem Rapport des letzteren vor dem König [23–25]. Eine Ausnahme bilden dabei nur die summarischen Berichte [18.22]. Sie genügen dem Erzähler offenbar selbst nicht; darum wird er anschließend wieder ausführlicher.

Die Erzählung lebt von dem Kontrast zwischen dem scheinbar außerordentlichen Wohlwollen des Königs gegenüber Urija und seiner wirklichen Absicht, den Ehebruch um jeden Preis zu verschleiern. Die ersten Fragen danach, wie es Joab und dem Heer ergeht, sollen eine innere Anteilnahme vortäuschen [6]. Mit seinem Geschenk verfolgt der König das Ziel, Urija für sich einzunehmen [7]. Die persönliche Einladung zu einem Gelage scheint eine Geste Davids zu sein, seine besondere Gunst gegenüber Urija zum Ausdruck zu bringen [12–13]. Doch das alles ist nichts als Heuchelei. Der Leser weiß von vornherein, welche hinterhältige Absicht David damit verfolgt.

Doch was wissen die handelnden Personen? Ahnt Urija, was David getan hat? Hat er von anderen gehört, daß sein König etwas vertuschen möchte? David geht wohl zunächst davon aus, daß Urija nicht wissen kann, aus welchem Grund er nach Jerusalem gerufen wird. Er vertraut Urija das Schreiben an Joab an, ohne zu befürchten, daß Urija den Brief öffnen und das eigene Todesurteil lesen könnte. Ist Urija aber so naiv, daß er nichts merkt? Er gibt einen triftigen Grund an, warum er nicht zu seiner Frau geht [11]. Vielleicht wollte er sich aber nur nicht anmerken lassen, was er inzwischen erfahren hatte, weil er die Macht des Königs und seine eigenen Kräfte richtig einschätzte. Der Erzähler ließ es vermutlich bewußt in der Schwebe, ob Urija die List und Tücke seines Königs durchschaute oder nicht. Auf diese Weise konnte er das Interesse der Hörer oder Leser um so wirksamer wecken.

Die Erzählung bietet vor allem im dritten Abschnitt [14–25] eine Reihe von Überraschungen: Joab hält sich nicht genau an den Befehl Davids [15] und nimmt über Urija hinaus weitere Verluste in Kauf [16–17]. In seinem Bericht an David schildert er den Kampf anders, als es der Erzähler zuvor getan hat. Nur so sind die Vorhaltungen Davids zu verstehen, warum man zu nahe an die Mauer herangerückt ist [20.21]. Vom angekündigten Zorn des Königs [20] ist anschließend nicht mehr die Rede [25]. Die Erzählung gewinnt durch diese überraschenden Wendungen zweifellos an Spannung. Sie wird freilich auch rätselhafter, so daß es ratsam ist, nach ihrer Vorgeschichte zu fragen.

Der Ammoniterkrieg ist bereits in der alten Erzählung vorausgesetzt worden, ohne daß die Notiz [1a] immer schon den Rahmen abgegeben hat. Man erzählte recht bald nach der Affäre vom Ehebruch [2–5] und von der versuchten Verschleierung [4–13]. Im dritten Abschnitt [14–25] war die frühe Erzählung allerdings kürzer: David gab nur den Auftrag, Urija an eine gefährliche Stelle im Kampf zu stellen [14–15bα]. Joab kam dem Auftrag aus Jerusalem genau nach [16.17]; der Bote konnte dem König von der Erfüllung des Befehls berichten [18]. Die Heirat

David und Batseba: 11[1–27]

11[1] Um die Jahreswende, zu der Zeit, in der die Könige in den Krieg ziehen, schickte David den Joab mit seinen Männern und ganz Israel aus, und sie verwüsteten das Land der Ammoniter und belagerten Rabba. David selbst aber blieb in Jerusalem.

1 Kön 20[22]
1 Chr 20[1]
12[26]

11[1] Die Könige: Korrektur nach Q[e]rê, G, S, Vg und 1 Chr 20[1]. M spricht von »Boten«.
Das »Land« der Ammoniter ist mit Blick auf 1 Chr 20[1] eingefügt.

und die Geburt des Sohnes aus dem Ehebruch [26.27a] bildeten den Abschluß der frühen Überlieferung.
Die Erzählung wird später dadurch dramatisiert, daß nach der Bestellung eines Boten [18] der Auftrag Joabs genauer referiert wird [19–21]: Joab rechnet damit, daß der Zorn des Königs aufwallen wird, wenn er von Verlusten an der Stadtmauer von Rabba hört. Doch die Aufregung wird sich rasch legen, wenn David erfährt, daß auch Urija gefallen ist. Die Worte Joabs gehen auf einen Bearbeiter zurück, der den Tod des Abimelech vor der Stadt Tebez (Ri 9[52–54]) bereits kennt. Er sieht sich genötigt, die Unterrichtung Davids [18] nach seinem Einschub zu wiederholen [22].
Durch den Eingriff ist es allerdings zu einem Widerspruch in der Erzählung gekommen: Drangen die Ammoniter nach der alten Erzählung auf das Gebiet vor der Stadt vor [17], so spielt sich jetzt der Kampf unmittelbar an der Mauer und am Tor ab [20.21]. Diese Spannung wird dadurch ausgeglichen, daß man dem Boten Joabs einen harmonisierenden Bericht in den Mund legt [23.24]. Auf ihn reagiert David ganz gelassen, von aufwallendem Zorn ist nicht mehr die Rede [25].
Recht jung ist die Anweisung im Brief Davids, sich von Urija zurückzuziehen, damit er allein stirbt [15bβ]. Davids Verhalten wird damit noch hinterhältiger, als es in der älteren Überlieferung schon war. – Während sich die vordtr Erzählung eines Urteils enthält, spricht ein dtr Redaktor am Ende seine Meinung offen aus [27b].
Die Erzählung stellt uns einen David vor, der mit Batseba die Ehe bricht und ihren Ehemann nach dem mißglückten Versuch, die Sache zu verschleiern, in den Tod schickt. Damit hebt sie sich deutlich von der Hofgeschichte (2 Sam 13–20) ab, die David in einem gewissen Maße idealisiert. Es gab offenbar in Jerusalem nicht nur diejenigen, die David bewunderten, sondern auch jene, die ihn bereits im Geist der späteren Prophetie freimütig kritisierten. Die spätere Geschichtsschreibung überging den Ehebruch gern, wie das Beispiel der Chronik zeigt. In der dtr Literatur galt David oft als makellos (1 Kön 9[4] 14[8]); es blieb einem Glossator vorbehalten, einen Hinweis auf den Fehltritt nachzutragen (1 Kön 15[5]). Die Suche nach Vorbildern ist zweifellos berechtigt, doch ebenso legitim ist die Kritik am Verhalten der Mächtigen.
[1] Mit der »Zeit, in der die Könige in den Krieg ziehen«, ist das Frühjahr gemeint (1 Kön 20[22.26]). David nahm, als er älter geworden war, nicht mehr an allen Kämpfen teil (21[15–17])
[2] Das Lager kann sich auch auf dem Dach befunden haben (1 Sam 9[25]). Da das Haus Davids höher als das des Urija lag [10], konnte er die Frau

[2] Als David einmal zur Abendzeit von seinem Lager aufstand und auf
Dtn 22[8] Mt 5[28] dem Flachdach des Königspalastes hin- und herging, sah er von dort
1 Sam 17[55.56] aus eine Frau, die badete. Die Frau war sehr schön anzusehen. [3] David
schickte jemand hin und erkundigte sich nach ihr. Man sagte ihm: Das
23[39] ist Batseba, die Tochter Ammiels, die Frau des Hetiters Urija. [4] Darauf
1 Sam 25[39–41] Ex 20[14.17] schickte David Boten zu ihr und ließ sie holen; sie kam zu ihm, und er
Dtn 5[18.21] schlief mit ihr – sie hatte sich gerade von ihrer Unreinheit gereinigt.
Dtn 22[22] Dann kehrte sie in ihr Haus zurück. [5] Die Frau war aber schwanger ge-
worden und schickte deshalb zu David und ließ ihm mitteilen: Ich bin
schwanger.

[6] Darauf sandte David einen Boten zu Joab (und ließ ihm sagen):
Schick den Hetiter Urija zu mir! Und Joab schickte Urija zu David. [7]
Als Urija zu ihm kam, fragte David, ob es Joab und dem Volk gut gehe
und wie es mit dem Kampf stehe. [8] Dann sagte er zu Urija: Geh in dein
Gen 43[24] Haus hinab, und wasch dir die Füße! Urija verließ das Haus des Kö-
Est 2[18] nigs, und es wurde ihm ein Geschenk des Königs nachgetragen. [9] Urija
aber legte sich am Tor des Königshauses bei den Knechten seines
Herrn nieder und ging nicht in sein Haus hinab. [10] Man berichtete Da-
vid: Urija ist nicht in sein Haus hinabgegangen. Darauf sagte David zu
Urija: Bist du nicht gerade von einer Reise gekommen? Warum bist du
nicht in dein Haus hinuntergegangen? [11] Urija antwortete David: Die
1 Sam 4[3] Lade und Israel und Juda wohnen in Hütten, und mein Herr Joab und
die Knechte meines Herrn lagern auf freiem Feld; da soll ich in mein
Haus gehen, um zu essen und zu trinken und bei meiner Frau zu lie-
1 Sam 1[26] gen? So wahr du lebst und so wahr deine Seele lebt, das werde ich nicht
tun. [12] Darauf sagte David zu Urija: Bleib auch heute noch hier; mor-
gen werde ich dich wegschicken. So blieb Urija an jenem Tag in Jeru-
Gen 19[33.35] salem. Am folgenden Tag [13] lud David ihn ein, bei ihm zu essen und zu
trinken, und machte ihn betrunken. Am Abend aber ging Urija weg,
um sich wieder auf seinem Lager bei den Knechten seines Herrn nie-
derzulegen; er ging nicht in sein Haus hinab.

bei ihrem Bad beobachten. [3] Urija gehörte zu den dreißig Helden Davids (23[39]). Er mag hetitischer Herkunft gewesen sein (1 Sam 26[6] Ez 16[3.45]), doch sein Name – »mein Licht ist der Herr« – verrät, daß er in Israel beheimatet und ihm der Kult dieses Volkes nicht fremd war. [4] Der Rückblick auf die Reinigung nach der Menstruation (Lev 15[19–24]) stellt sicher, daß Batseba bisher noch nicht schwanger war. [7] Das bekannte Wort *šālōm* wird hier in einer ungewöhnlichen Verbindung gebraucht: David erkundigte sich nicht nur nach dem *šālōm* des Joab und des Volkes, sondern auch nach dem *šālōm* des Krieges. [8] Die Wendung »sich die Füße waschen« bezog sich auf die Erfrischung nach einer langen Reise (Gen 18[4] 19[2] 24[32] 43[24] Ri 19[21]). David wußte, daß er nach dem Gesetz den Tod verdient hatte (Dtn 22[22]). Darum wollte er seine Tat verschleiern. [11] Urija weigerte sich jedoch, seine Frau zu besuchen. Denn während des Krieges blieb man sexuell abstinent (1 Sam 21[5]). [12] David erwies sich scheinbar als ein großzügi-

14 Am anderen Morgen schrieb David einen Brief an Joab und ließ ihn 1 Kön 21[8–10]
durch Urija überbringen. 15 Er schrieb in dem Brief: Stellt Urija nach
vorn, wo der Kampf am heftigsten ist, dann zieht euch von ihm zu- 12[9]
rück, so daß er getroffen wird und den Tod findet. 16 Joab hatte die
Stadt beobachtet, und er stellte Urija an einen Platz, von dem er
wußte, daß dort besonders tüchtige Krieger standen. 17 Als dann die
Leute aus der Stadt einen Ausfall machten und gegen Joab kämpften,
fielen einige vom Volk, das heißt von den Kriegern Davids; auch der
Hetiter Urija fand den Tod. 18 Joab schickte (einen Boten) zu David
und ließ ihm den Verlauf des Kampfes berichten. 19 Und er befahl dem
Boten: Wenn du dem König alles über den Verlauf des Kampfes bis zu
Ende berichtet hast 20 und wenn dann der König in Zorn gerät und zu Est 7[7]
dir sagt: Warum seid ihr beim Kampf so nahe an die Stadt herangegan-
gen? Habt ihr nicht gewußt, daß sie von der Mauer herabschießen?
21 Wer hat Abimelech, den Sohn Jerubbaals, erschlagen? Hat nicht eine Ri 9[53.54]
Frau in Tebez einen Mühlstein von der Mauer auf ihn herabgeworfen,
so daß er starb? Warum seid ihr so nahe an die Mauer herangegan-
gen?, dann sollst du sagen: Auch dein Knecht, der Hetiter Urija, ist Spr 16[14]
tot. 22 Der Bote ging fort, kam zu David und berichtete ihm alles, was
Joab ihm aufgetragen hatte. 23 Der Bote sagte zu David: Die Männer
waren stärker als wir und waren gegen uns bis aufs freie Feld vorge-
drungen; wir aber drängten sie bis zum Eingang des Tores zurück. 24 10[14]
Da schossen die Schützen von der Mauer herab auf deine Knechte, so
daß einige von den Knechten des Königs starben; auch dein Knecht,
der Hetiter Urija, ist tot. 25 Da sagte David zu dem Boten: So sollst du
zu Joab sagen: Betrachte die Sache nicht als so schlimm; denn das 2[26] Jer 46[10]
Schwert frißt bald hier, bald dort. Setz den Kampf gegen die Stadt mu- 12[26]
tig fort, und zerstöre sie! So sollst du ihm Mut machen. 26 Als die Frau
Urijas hörte, daß ihr Mann Urija tot war, hielt sie für ihren Gemahl die Gen 23[2]
Totenklage. 27 Sobald die Trauerzeit vorüber war, ließ David sie zu 1[12] 3[31]
sich in sein Haus holen. Sie wurde seine Frau und gebar ihm einen 1 Sam 25[40.41]
Sohn. Dem Herrn aber mißfiel, was David getan hatte.

11[21] Jerubbaal: Korrektur nach G und S. M ersetzt »Baal« durch »Schande« *(bōšæt).* Vgl. 2[8] und 4[4].

ger Gastgeber (Ri 19[4]). 22 In G braust David tatsächlich auf, als er von den Verlusten hört. Aber der kürzere hebräische Wortlaut darf als die bessere Lesart gelten. 26 Die Totenklage dauerte in der Regel sieben Tage (Gen 50[10] Jdt 16[24]). 27 Es fällt auf, daß der Sohn keinen Namen erhält. Geburt und Namengebung gehören in der Regel zusammen (1 Sam 1[20] 4[19–22]). Es ist nicht ausgeschlossen, daß der ursprüngliche Name – Salomo – unterdrückt worden ist, um den Nachfolger Davids nicht durch eine uneheliche Geburt zu belasten (vgl. 12[15b–24]).

12[1–25] Zwei Erzählungen folgen aufeinander, die nur sehr locker miteinander verbunden sind: Natan tritt vor David hin und kündigt ihm die Strafen für den Ehebruch mit Batseba und die Ermordung Urijas an [1–15a]. David möchte durch Fasten und Beten den Herrn dazu bewegen, das erkrankte Kind der Batseba am Leben zu lassen; als es jedoch stirbt, nimmt David das gelassen hin und zeugt mit Batseba seinen Sohn Salomo [15b–25].

[1–15a] Natan geht zu David [1a] und trägt ihm eine Parabel vor [1b–4]. David gerät in Zorn und fällt ein Urteil [5.6], das Natan auf David bezieht [7a]. Danach spricht Natan im Namen des Herrn [7b–12]: Er weist auf dessen Heilshandeln hin [7b–8], nennt die Verbrechen beim Namen [9.10b] und sagt die bevorstehenden Strafen voraus [10a.11.12]. Auf das Schuldbekenntnis Davids folgt die Vergebung, die allerdings Grenzen hat [13.14]. Danach entfernt sich Natan wieder.

Das Beispiel [1b–4] stellt den Gegensatz zwischen dem Armen und dem Reichen in den Vordergrund. Die Adjektive »reich« und »arm« werden jeweils dreimal verwendet. Der Arme teilt alles mit seinem Lamm; dieses enge Verhältnis wird so beschrieben, daß es auch auf Urija und seine hübsche, junge Frau Batseba bezogen werden kann [3]. Das Paradigma endet mit einem empörenden Rechtsbruch des Reichen, gegen den der Arme sich nicht zur Wehr zu setzen vermag.

Natan nutzt das Rechtsbeispiel sehr geschickt. Er gibt David die Chance, als königlicher Richter einen gerechten Urteilsspruch zu fällen [5.6]. Darauf kann Natan knapp und präzis – im Hebräischen mit zwei Worten – antworten [7a]: »Du bist der Mann.« Damit ist eigentlich alles gesagt. Der Auftritt Natans könnte hier zu Ende sein. Die Antwort Natans ist auch sprachlich gut vorbereitet: Das Wort »Mann« stellt das Leitwort der Szene dar; es wird im unmittelbaren Kontext [1.4.5.7a] siebenmal gebraucht.

War Natan bislang in seinem eigenen Namen aufgetreten [1–7a], so spricht er im folgenden im Namen des Herrn [7b–12]. Zweimal gebraucht er die Botenformel [7b.11a]. Die prophetischen Reden zeichnen sich durch eigene Leitworte aus: Siebenmal wird das Wort »Frau« gebraucht [8–11]; das ist natürlich durch das Thema bedingt. Dabei geht es aber nicht um eine private Angelegenheit Davids; die vierfache Verwendung von »Israel« weist auf den umfassenden Horizont hin [7.8.12]. Die Anklage wird dadurch untermauert, daß der Herr viel für David getan hat. In der Übersetzung kommt leider nicht zum Ausdruck, daß das Personalpronomen »ich« *('ānōkī)* in [7] besonders betont wird. Der Gegensatz zwischen dem Handeln des Herrn und dem Verhalten Davids wird deutlich herausgestellt: Während der Herr dem König viele Frauen *gegeben* hat [8], hat David dem Hetiter die einzige Frau *genommen* [9.10]. In der zweiten Botenrede werden die Verben *nehmen* und *geben* nochmals verwendet, allerdings innerhalb einer Gerichtsankündigung [11].

David reagiert auf die harten Gerichtsworte mit der Bitte um Vergebung [13a]. Es fällt auf, daß Natan nicht mit einem Botenwort antwortet, sondern in eigener Verantwortung erklärt [13b]: »Auch der Herr hat dir deine Sünde vergeben. Du wirst nicht sterben.« Im nächsten Satz [14] wird die Strafe allerdings nur verschoben, nicht aufgehoben: Der Sohn, der David geboren werden wird, muß sterben. Erst nach diesen Worten verläßt Natan den König [15a].

Dem aufmerksamen Leser drängen sich einige Fragen auf: Hat der Herr David wirklich vergeben [13], oder hat

Gottes Strafe für David: 12[1–25]

12[1] Darum schickte der Herr den Natan zu David; dieser ging zu Da- 7[2] 1 Kön 1[8.10] 14[5–7]
vid und sagte zu ihm: In einer Stadt lebten einst zwei Männer; der eine 1 Kön 20[39.40]
war reich, der andere arm. [2] Der Reiche besaß sehr viele Schafe und 2 Kön 14[9.10]
Rinder, [3] der Arme aber besaß nichts außer einem einzigen kleinen
Lamm, das er gekauft hatte. Er zog es auf, und es wurde bei ihm zu-
sammen mit seinen Kindern groß. Es aß von seinem Stück Brot, und es
trank aus seinem Becher, in seinem Schoß lag es und war für ihn wie
eine Tochter. [4] Da kam ein Besucher zu dem reichen Mann, und er
brachte es nicht über sich, eines von seinen Schafen oder Rindern zu
nehmen, um es für den zuzubereiten, der zu ihm gekommen war.
Darum nahm er dem Armen das Lamm weg und bereitete es für den
Mann zu, der zu ihm gekommen war.
[5] Da geriet David in heftigen Zorn über den Mann und sagte zu Natan:
So wahr der Herr lebt: Der Mann, der das getan hat, verdient den 1 Kön 20[40]
Tod. [6] Das Lamm soll er vierfach ersetzen, weil er das getan und kein Ex 21[37]
Mitleid gehabt hat. [7] Da sagte Natan zu David: Du selbst bist der
Mann. So spricht der Herr, der Gott Israels: Ich habe dich zum König 1 Kön 20[42]
von Israel gesalbt, und ich habe dich aus der Hand Sauls gerettet. [8] Ich 1 Sam 16[13]
habe dir das Haus deines Herrn und die Frauen deines Herrn in den
Schoß gegeben, und ich habe dir das Haus Israel und Juda gegeben,
und wenn das zu wenig ist, gebe ich dir noch manches andere dazu.

er nur dessen Sohn dafür büßen lassen [14]? Warum hebt der Herr nach dem Eingeständnis der Schuld [13] nur das Todesurteil [7a], nicht aber die anderen angekündigten Strafen [10–12] auf? Wie ist es zu erklären, daß Natan einerseits in seinem eigenen Namen spricht [1–7a.13], andererseits aber die Botenformel verwendet [7b–12]? Darauf lassen sich nur Antworten finden, wenn man mit einer allmählichen Entwicklung der Erzählung rechnet.

Der Auftritt Natans war ursprünglich kürzer: Als Natan vor David hintrat [1a] und die Parabel vortrug [1b–4], provozierte er die zornige Reaktion Davids [5]. Damit hatte er sich aber in den Augen Natans selbst das Urteil gesprochen [7a]. Danach verließ Natan David [15a]. Diese kurze Erzählung stammt aus Kreisen, die in Natan einen unerschrockenen Kritiker des Königs sahen. Die Parabel ließ sich auf David beziehen, der mit mehreren Frauen verheiratet war (1 Sam 25[42.43] 2 Sam 3[2–5] 5[13–16]) und dennoch die einzige Frau Urijas zu sich holte und an sich band. Offen bleibt, ob man die näheren Umstände des Todes Urijas zu dieser Zeit schon kannte. Man rechnete in jedem Fall damit, daß David wegen des Ehebruchs vorzeitig sterben müsse [7a] (Dtn 22[22]). Also hat man sehr bald nach der Tat vom Auftritt Natans und seiner Parabel erzählt.

David erreichte aber ein hohes Alter (1 Kön 1[1–4] 2[11]). Das war nach einer Theologie, die zwischen Tun und Ergehen einen engen Zusammenhang sah, nur möglich, weil er seine Schuld bekannte und der Herr ihm vergab [13]. – Der erweiterten Hofgeschichte konnte man freilich auch entnehmen, daß es im Hause Davids buchstäblich

9 Aber warum hast du das Wort des Herrn verachtet und etwas getan,
1 Kön 15[5] was ihm mißfällt? Du hast den Hetiter Urija mit dem Schwert erschla-
gen und hast dir seine Frau zur Frau genommen; durch das Schwert
13[28f] 18[14] der Ammoniter hast du ihn umgebracht. 10 Darum soll jetzt das
1 Kön 2[24f] Schwert auf ewig nicht mehr von deinem Haus weichen; denn du hast
mich verachtet und dir die Frau des Hetiters genommen, damit sie
deine Frau werde. 11 So spricht der Herr: Ich werde dafür sorgen, daß
sich aus deinem eigenen Haus das Unheil gegen dich erhebt, und ich
16[22] 20[3] werde dir vor deinen Augen deine Frauen wegnehmen und sie einem
Dtn 28[30] andern geben; er wird am hellen Tag bei deinen Frauen liegen. 12 Ja, du
hast es heimlich getan, ich aber werde es vor ganz Israel und am hellen
24[10] Ps 51[2] 1 Sam 15[24] Tag tun. 13 Darauf sagte David zu Natan: Ich habe gegen den Herrn
24[10] Ijob 7[21] gesündigt. Natan antwortete David: Der Herr hat dir deine Sünde ver-
Num 16[30] geben; du wirst nicht sterben. 14 Weil du aber die Feinde des Herrn
Ps 10[3.13] 74[10.18] durch diese Sache zum Lästern veranlaßt hast, muß der Sohn, der dir
geboren wird, sterben.

»Mord und Totschlag« gab (13[28.29] 18[14] 1 Kön 2[25]). Mit Blick auf die Tötung Urijas formulierte man ein prophetisches Strafwort: Weil David Urija mit dem *Schwert* getötet und sich Batseba zur Frau genommen hatte, werde das *Schwert* nicht mehr von seinem Haus weichen [9aβ.10a]. – Das spontane Urteil Davids [5] wurde jetzt um den Hinweis auf vierfache Vergeltung (Ex 21[37]) erweitert [6] um zu demonstrieren, daß David für seine Verbrechen einen hohen Tribut zu zahlen habe. – Im Stil der klassischen Prophetie ergänzte man das »Schwertwort« [9aβ.10a] noch einmal. Natan wurde eine Rede des Herrn in den Mund gelegt, die zwei Botenformeln enthält und sich besonders mit den Frauen Davids beschäftigt [7b–8.10b–12]: Der Herr hat ihm viele Frauen in den Schoß gelegt, so daß er es nicht nötig hatte, dem Urija die einzige Ehefrau wegzunehmen. Darum wird bald ein anderer mit seinen Frauen in aller Öffentlichkeit verkehren. Dabei greift der Bearbeiter ein Detail aus dem Aufstand Abschaloms auf (16[21.22]). – Zu den jüngsten Zutaten gehört die nachträgliche Einschränkung der Vergebung [14]. Die Ankündigung, daß der im Ehebruch gezeugte Sohn sterben werde, berücksichtigt bereits die anschließende Erzählung [15b–25]. Natan weiß längst, was der Herr tun wird (vgl. Am 3[7]). Der letzte Satz Natans [14] hatte freilich zunächst noch eine etwas andere Gestalt: »Weil du den Herrn in dieser Sache verachtet hast, muß auch der Sohn, der dir geboren werden wird, unbedingt sterben.« Da ein Glossator David vor dem Vorwurf bewahren wollte, David habe den Herrn verachtet, hat er euphemisch »die Feinde« eingeschoben (vgl. 1 Sam 25[22]); die EÜ versucht dieser Korrektur einen Sinn abzugewinnen.

Die häufige Bearbeitung kann nicht überraschen, denn das mutige Wort des Natan hat immer wieder dazu angeregt, über die Verkettung von Schuld und Strafe nachzudenken. Dabei hat man sich an den »Tatsachen« orientiert, die die Erzählungen über David darboten.

[15b–25] Eine Erzählung über Davids Verhalten vor und nach dem Tod des ersten Kindes Batsebas [15b–23] wird

15 Dann ging Natan nach Hause. Der Herr aber ließ das Kind, das die
Frau des Urija dem David geboren hatte, schwer krank werden. 16 Da- 1 Sam 25^{38}
vid suchte Gott wegen des Knaben auf und fastete streng; und wenn er 1 Kön 21^{27}
heimkam, legte er sich bei Nacht auf die bloße Erde. 17 Die Ältesten sei-
nes Hauses kamen zu ihm, um ihn dazu zu bewegen, von der Erde auf-
zustehen. Er aber wollte nicht und aß auch nicht mit ihnen. 18 Am sieb- 1 Sam 28^{23}
ten Tag aber starb das Kind. Davids Diener fürchteten sich, ihm mitzu-
teilen, daß das Kind tot war; denn sie sagten: Wir haben ihm zugere-
det, als das Kind noch am Leben war; er aber hat nicht auf uns gehört.
Wie können wir ihm jetzt sagen: Das Kind ist tot? Er würde ein Unheil
anrichten. 19 David jedoch sah, daß seine Diener miteinander flüster- Ps 41^{8}
ten, und merkte daran, daß das Kind tot war. Er fragte seine Diener:
Ist das Kind tot? Sie antworteten: Ja, es ist tot. 20 Da erhob sich David
von der Erde, wusch sich, salbte sich, wechselte seine Kleider, ging
zum Haus des Herrn und warf sich (davor) nieder. Als er dann nach

durch die Geburt Salomos ^{24} und dessen zusätzliche Namensgebung als »Jedidja« ^{25} ergänzt.

Die Erzählung $^{15b-23}$ lebt von Kontrasten. Nachdem der Herr das Kind Batsebas (11^{27}) hat krank werden lassen ^{15b}, stehen in einer ersten Szene $^{16.17}$ David und seine Diener einander gegenüber: David fastet und schläft auf bloßer Erde. Die Diener versuchen vergeblich, ihn aufzurichten; sie müssen ohne ihn essen. Die zweite Szene $^{18-20}$ bringt zwar die Wende; aber David erfährt erst mit erheblicher Verzögerung, was geschehen ist. Dann steht er allerdings entschlossen auf und kehrt zum normalen Leben zurück. Das Gespräch in der dritten Szene $^{21-23}$ weist noch einmal auf das ungewöhnliche Verhalten Davids hin: Der König trauert und fastet nur, solange das Kind noch am Leben ist (vgl. 1 Kön 21^{27} Dan 10^{3} Joël 2^{12-14} Jona 3^{7-10}). Nachdem aber der Tod eingetreten ist, hält sich David nicht mehr an die üblichen »Selbstminderungsriten« – die er sonst durchaus vollzogen hat ($1^{11.12.17-27}$ 3^{32-35} $13^{36.37}$ $19^{1.2}$).

Im Mittelpunkt steht also Davids seltsames, überraschendes Verhalten, nicht der Tod des Kindes. Der Erzähler spricht mit viel Sympathie von der Weisheit Davids, der um die Grenzen unseres Lebens weiß und sie achtet (14^{14}). David unterwirft sich dem Willen des Herrn. – Das Thema des Ehebruchs spielt nur am Rande eine Rolle; der Herr schlägt »das Kind, das die Frau des Urija dem David geboren hat« ^{15b}. David erweckt den Eindruck, als wisse er nichts davon, daß der mit Batseba gezeugte Sohn sterben müsse ^{14}.

Die Erzählung gehörte ursprünglich in einen anderen Rahmen. Vielleicht war mit dem namenlosen Sohn einmal Kilab, der Sohn der Abigajil, gemeint, der – obgleich er in der Liste der ältesten Söhne Davids unmittelbar nach Amnon und vor Abschalom genannt wird (3^{3}) – beim Streit um die Nachfolge keine Rolle mehr spielte, weil er offenbar jung gestorben war. Ein früher Erzähler richtete sein Augenmerk auf die »Selbstminderungsriten«, die der besonnene David vor und nicht nach dem Tod des Sohnes vollzog. Der Name des Kindes spielte bald keine Rolle mehr. Darum konnte der spätere Bearbeiter den anonymen Sohn mit dem Kind

Hause zurückkehrte, verlangte er (zu essen). Man setzte ihm etwas
vor, und er aß. [21] Da fragten ihn seine Diener: Was soll das bedeuten,
was du getan hast? Als das Kind noch am Leben war, hast du seinetwe-
gen gefastet und geweint. Nachdem aber das Kind tot ist, stehst du auf
und ißt. [22] Er antwortete: Als das Kind noch am Leben war, habe ich
gefastet und geweint; denn ich dachte: Wer weiß, vielleicht ist der
Ijob 2[10] Herr mir gnädig, und das Kind bleibt am Leben. [23] Jetzt aber, da es tot
ist, warum soll ich da noch fasten? Kann ich es zurückholen? Ich
Gen 37[35] werde einmal zu ihm gehen, aber es kommt nicht zu mir zurück. [24] Und
Ijob 7[9.10] David tröstete seine Frau Batseba; er ging zu ihr hinein und schlief mit
11[27] ihr. Und sie gebar einen Sohn, und er gab ihm den Namen Salomo.
Mt 1[6] Der Herr liebte Salomo [25] und sandte den Propheten Natan, damit er
ihm um des Herrn willen den Namen Jedidja (Liebling des Herrn)
gebe.

Die Eroberung von Rabba: 12[26–31]

11[1] [26] Joab kämpfte gegen Rabba, (die Stadt) der Ammoniter, und er er-
oberte die Königsstadt. [27] Darauf schickte Joab Boten zu David und
ließ ihm sagen: Ich habe gegen Rabba gekämpft und dabei auch die

aus dem Ehebruch (11[27]) gleichsetzen [15b] und die Erzählung an dieser Stelle einfügen. So vermochte er zu zeigen, daß das erste Kind der »Frau des Urija« gestorben war. Salomo war somit – allen Gerüchten zum Trotz – nicht mehr das Kind des illegitimen Verhältnisses, sondern bereits der Sohn der Frau Davids [24]. Die prosalomonische Einstellung ist dabei nicht zu übersehen (1 Kön 1[46–48] 2[15b.24.33b]). Auf den gleichen Geist, wenn auch nicht auf dieselbe Hand, geht der zweite Name »Jedidja« für Salomo zurück.

12[26–31] Die Belagerung der ammonitischen Hauptstadt (11[1a]) endete mit dem Sieg der Israeliten [26–29]. David nahm eine kostbare Krone in Besitz, die ein Talent, d. h. mindestens 26 kg wog [30]. Er legte einem Teil der ammonitischen Bevölkerung harte Fronarbeit auf [31].

Der Bericht über den Eroberungskrieg ist uns erhalten geblieben. Als jedoch Rüstung und Aggression zunehmender Kritik unterworfen wurden (Jes 31[1.3] Ps 46[10] 76[4]), rechtfertigte man den Angriff der Israeliten dadurch, daß König Hanun die Gesandten Davids aufs schimpflichste beleidigt habe (10[1–5]) und der Kampf außerdem von den Ammonitern begonnen worden sei (10[6–14]).

[26] Joab kann nach dem Kontext [27–29] die Königsstadt nur teilweise eingenommen haben. Es gelang ihm, die erste Stadtmauer zu überwinden, die die sog. Wasserstadt, d. h. die Wohnviertel am Fluß *(sēl ʿammān)*, einschloß. Die Oberstadt *(ǧebel el-qalʿa)* war in der Eisenzeit von einer eigenen Mauer umgeben, die man im Norden und Osten archäologisch nachgewiesen hat. Im Falle einer Belagerung war die Zitadelle auf die große unterirdische Zisterne angewiesen, die im Norden außerhalb der Burgmauer lag. Wenn die Angreifer – wie später Antiochus III. (218 v. Chr.) – den Zugang zu diesem Wasserreservoir versperrten, dann mußte die Oberstadt kapitulieren (Polybius V 71).

Wasserstadt eingenommen. 28 Darum versammle jetzt den Rest des
Heeres, belagere die Stadt und nimm sie selbst ein, damit nicht ich sie
einnehme und mein Name über ihr ausgerufen wird. 29 David sammelte
also das ganze Heer, zog nach Rabba, kämpfte gegen die Stadt und
nahm sie ein. 30 Dann nahm er ihrem König die Krone vom Haupt, de- 1 Chr 20[2.3]
ren Gewicht ein Talent Gold betrug und an der ein kostbarer Stein
war; sie wurde nun Davids Krone. Und er schaffte eine sehr große
Beute aus der Stadt fort. 31 Auch ihre Einwohner führte er fort und
stellte sie an die Steinsägen, an die eisernen Spitzhacken und an die ei-
sernen Äxte und ließ sie in den Ziegeleien arbeiten. So machte er es mit
allen Städten der Ammoniter. Dann kehrte David mit dem ganzen
Heer nach Jerusalem zurück.

12[31] Ließ sie arbeiten: Korrektur von »er ließ sie hindurchgehen« *(hæʿᵆbīr)* in die ähnliche Verbform *(hæʾᵆbīd).*

28 Wenn der Name Joabs über der Stadt ausgerufen worden wäre, dann hätte ihm die Stadt gehört (Dtn 28[10] 1 Kön 8[43] Jer 7[10] Am 9[12]). 30 Der Konsonantentext läßt sich auch so verstehen, daß David nicht die Krone »ihres Königs« *(mlkm)*, sondern die des Gottes Milkom (1 Kön 11[5.33] 2 Kön 23[13] Jer 49[3]) konfiszierte. G hat den Gottesnamen in leicht veränderter Form (Melchol) bewahrt. Die masoretische Vokalisation könnte darauf zurückgehen, daß man David nicht mit der ammonitischen Gottheit in Verbindung bringen wollte. Sieben steinerne Köpfe und eine vollständige Statue, die in Amman selbst oder in der Umgebung der Stadt gefunden worden sind, geben eine Vorstellung von der konischen Krone mit zwei seitlichen Ansätzen. Sie ähnelt der *ʾatef*-Krone, die in Ägypten der Gott Osiris und in Ugarit der Gott Baal trugen. – 31 David zwang die Ammoniter zur Fronarbeit; dadurch bekam er behauene Steine und Ziegel. Spätere schlimme Erfahrungen Israels mit den Ammonitern (Am 1[13] Zef 2[8–11]) – vor allem in der Zeit des Exils (Jer 49[1–5] Ez 21[33–37] 25[1–7]) – haben dazu geführt, die harte Arbeit in eine absichtliche Vernichtung zu verwandeln. Nach der Chronik (1 Chr 20[3]), einigen Handschriften der G (G^L) und nach der Vg soll David die Ammoniter zersägt haben.

13[1–22] Die Vergewaltigung der Königstochter Tamar durch den Kronprinzen Amnon löst am Hof eine Lawine aus, die erst nach Jahren zum Stillstand kommt. Die Exposition geht von Abschalom aus, stellt dessen Schwester vor und erzählt, daß Amnon die für ihn unerreichbare Halbschwester »liebt«, d.h. begehrt [1.2]. Dem ratlosen Amnon kommt dessen Freund Jonadab mit seinem schändlichen Rat zu Hilfe [3–5]. David spielt ungewollt die Rolle des ahnungslosen Helfers, als er Tamar in Amnons Haus zu gehen befiehlt [6.7]. Der Erzähler steigert die Spannung in der folgenden Szene mehrfach: Amnon schickt alle anderen aus dem Raum [9] und bittet Tamar in die innere Kammer [10]. Hat sich Tamar bislang recht bereitwillig gezeigt, so stößt sein unverblümtes Verlangen auf deutlichen Widerstand [11–13]. Die Vergewaltigung [14] wird nur knapp berichtet. Sie ist mehr Wende- als Höhepunkt. Die bisherige »Liebe« ver-

Amnon und Tamar: 13^{1-22}

13^{1} Danach geschah folgendes: Abschalom, der Sohn Davids, hatte
3^{3} 1 Chr 3^{2} eine schöne Schwester namens Tamar, und Amnon, der Sohn Davids,
verliebte sich in sie. 2 Amnon war sehr bedrückt und wurde fast krank
wegen seiner Schwester Tamar; denn sie war Jungfrau, und es schien
1 Sam 16^{9} 17^{13} Amnon unmöglich, ihr etwas anzutun. 3 Nun hatte Amnon einen
1 Chr 2^{13} Freund namens Jonadab, einen Sohn des Schima, des Bruders Davids.
Jonadab war ein sehr kluger Mann. 4 Er sagte zu Amnon: Warum bist
du jeden Morgen so bedrückt, Sohn des Königs? Willst du es mir nicht
Hld 3^{1-3} erzählen? Amnon antwortete ihm: Ich liebe Tamar, die Schwester mei-
nes Bruders Abschalom. 5 Da sagte Jonadab zu ihm: Leg dich ins Bett,

wandelt sich in Haß ^{15a}, der zur Tat wird: Amnon schickt Tamar brutal fort und läßt sogar seine Tür verschließen $^{16-18a}$. Die Klage des Mädchens $^{18b.19}$ bewegt ihren Bruder Abschalom ebenso wie ihren Vater David $^{20-22}$.

Der allwissende Erzähler kennt die Begierde Amnons von Anfang an $^{1.2}$. Damit weiß auch der Hörer oder Leser, welche Absicht der Kronprinz verfolgt. David und Tamar ahnen dagegen nicht, was Amnon im Schilde führt. Auf diese Weise kann der Erzähler die Dramatik erhöhen und das Interesse der Zuhörer noch stärker wecken. – Der Blick ruht zunächst auf Abschalom ^{1a}, wendet sich aber sehr schnell Amnon zu $^{1b-14}$. Nach der Vergewaltigung achtet der Erzähler vor allem auf die schlimmen Folgen, die die Untat für Tamar hat $^{15-20}$. Dann wird uns die Reaktion des getäuschten, hilflosen Vaters geschildert ^{21}. Am Ende fällt der Blick wiederum auf Abschalom ^{22}, mit dessen Vorstellung die Erzählung begonnen hat. – Der Erzähler legt die entscheidenden Urteile über Amnons Verhalten Tamar in den Mund $^{12.13.16}$. Er kann sich darauf beschränken, die Emotionen zu beschreiben: Amnons vermeintliche Liebe verwandelt sich in Haß ^{15}, David wird zornig ^{21}, und Abschalom haßt seinen Bruder Amnon ^{22}.

Der Leser erwartet, daß über Amnons Untat noch nicht das letzte Wort gesprochen ist. Die Sprachlosigkeit zwischen Abschalom und Amnon weckt zugleich die Befürchtung, daß ein Stein ins Rollen gekommen ist, der noch Schlimmeres auslösen werde. Wir haben es mit einem Ausschnitt aus einer größeren Erzählung zu tun. Wir dürfen aber Abschaloms späteres Streben nach dem Thron hier noch nicht hineinlesen. Abschalom haßte Amnon nicht deshalb, weil er ihm den Weg an die Macht verstellte, sondern »weil dieser seine Schwester Tamar vergewaltigt hatte« ^{22b} (vgl. ^{32}).

1 Abschalom und Amnon waren zwar beide Söhne Davids, aber sie hatten verschiedene Mütter. Maacha – eine Prinzessin aus dem kleinen Fürstentum Geschur – hatte Abschalom geboren (3^{3}). Amnon war dagegen der Sohn der Ahinoam aus Jesreël, die David schon früh geheiratet hatte (3^{2} 1 Sam 25^{43}). 2 Tamar lebte als Mädchen in den Frauengemächern, zu denen der Halbbruder keinen Zugang hatte. 3 Schima war der drittälteste Bruder Davids (1 Sam 16^{9} 17^{13} vgl. 21^{21}). Im Hebräischen stimmen allerdings die Namensformen nicht

und stell dich krank! Wenn dann dein Vater kommt, um nach dir zu
sehen, sag zu ihm: Laß doch meine Schwester Tamar zu mir kommen
und mir etwas zu essen machen; sie soll die Krankenkost vor meinen
Augen zubereiten, so daß ich zusehen und aus ihrer Hand essen kann.
[6] Amnon legte sich also hin und stellte sich krank: Als der König kam,
um nach ihm zu sehen, sagte Amnon zum König: Meine Schwester
Tamar möge doch zu mir kommen; sie soll mir vor meinen Augen zwei
Kuchen backen, und ich will die Krankenkost aus ihrer Hand essen. Gen 18[6]
[7] David schickte jemand ins Haus der Tamar und ließ ihr sagen: Geh
doch in das Haus deines Bruders Amnon, und mach ihm etwas zu es-
sen! [8] Tamar ging in das Haus ihres Bruders Amnon, der im Bett lag.
Sie nahm Teig, knetete vor seinen Augen die Kuchen und backte sie. [9]
Dann nahm sie die Pfanne und legte ihm (das Gericht) vor. Amnon
aber wollte nichts essen, sondern sagte: Schickt alle hinaus! Als alle aus Gen 45[1]
dem Zimmer hinausgegangen waren, [10] sagte Amnon zu Tamar: Bring Ri 3[19]
das Essen in die (innere) Kammer, ich möchte sie aus deiner Hand es-
sen. Tamar nahm die Kuchen, die sie zubereitet hatte, und brachte sie
ihrem Bruder Amnon in die Kammer. Als sie ihm aber die Kuchen zum
Essen reichte, griff er nach ihr und sagte zu ihr: Komm, leg dich zu Gen 39[12]
mir, Schwester! [12] Sie antwortete ihm: Nein, mein Bruder, entehre
mich nicht! So etwas tut man in Israel nicht. Begeh keine solche Gen 34[7]
Schandtat! [13] Wohin sollte ich denn in meiner Schande gehen? Du wür- Lev 18[9] 20[17] Ri 19[23] 20[6]
dest als einer der niederträchtigsten Menschen in Israel dastehen. Rede Gen 20[12]
doch mit dem König, er wird mich dir nicht verweigern. [14] Doch Am- Dtn 22[28.29]
non wollte nicht auf sie hören, sondern packte sie und zwang sie, mit
ihm zu schlafen. [15] Hinterher aber empfand Amnon eine sehr große
Abneigung gegen sie; ja, der Haß, mit dem er sie nun haßte, war grö- Koh 3[8]
ßer als die Liebe, mit der er sie geliebt hatte. Amnon sagte zu ihr: Steh Gen 38[24–26]
auf, geh weg! [16] Sie erwiderte ihm: Nicht doch! Wenn du mich weg-
schickst, wäre das ein noch größeres Unrecht, als das, das du mir

genau überein. Wenn Jonadab klug *(ḥākām)* genannt wird, dann bedeutet das nicht, daß er sich den Sinn für die wirklichen Werte bewahrt hätte. [6] Im Hebräischen nimmt man ein Wortspiel wahr: Das Verbum »zubereiten« *(lābab)* lautet ebenso wie das Verbum »durch Liebe verzaubern« (Hld 4[9]). Die Wahl des Nomens »Kuchen, herzförmiges Gebäck« *(l^ebibāh)* verstärkt diese erotische Anspielung noch. [12] Tamar spricht von einer »Schandtat« *(n^ebālāh)*. Darunter verstand man in Israel den Bruch sozialer Beziehungen, besonders aber sexuelle Vergehen wie Vergewaltigung (Ri 20[6.10]), vorehelichen Verkehr (Dtn 22[21]), Ehebruch (Jer 29[23]) und gewaltsame Homosexualität (Ri 19[23]). [13] Tamar setzte voraus, daß der König die Ehe zwischen Halbgeschwistern gestatten konnte. Im späteren Gesetz war sie verboten (Dtn 27[22] Lev 18[9.11] 20[17]). In der älteren Zeit könnte es aber noch denkbar gewesen sein (vgl. Gen 20[12]). [16] Das Gesetz sah für den Fall einer Vergewaltigung vor, daß der Mann den

schon angetan hast. Er aber wollte nicht auf sie hören, [17] sondern rief
den jungen Mann, der in seinen Diensten stand, und sagte: Bringt die-
ses Mädchen da von mir weg auf die Straße hinaus, und schließt die
Tür hinter ihr ab! [18] Sein Diener brachte sie hinaus und schloß die Tür
hinter ihr zu. Sie hatte ein Ärmelkleid an; denn solche Obergewänder
trugen die Königstöchter, solange sie Jungfrauen waren. [19] Tamar aber
1[2] 1 Sam 4[12] streute sich Asche auf das Haupt und zerriß das Ärmelkleid, das sie an-
hatte, sie legte ihre Hand auf den Kopf und ging schreiend weg. [20] Ihr
Bruder Abschalom fragte sie: War dein Bruder Amnon mit dir zusam-
men? Sprich nicht darüber, meine Schwester, er ist ja dein Bruder.
Nimm dir die Sache nicht so zu Herzen! Von da an lebte Tamar ein-
sam im Haus ihres Bruders Abschalom. [21] Doch der König David er-
fuhr von der ganzen Sache und wurde darüber sehr zornig. [22] Abscha-
lom aber redete nicht mehr mit Amnon, weder im guten noch im bö-
Lev 19[17] sen; er haßte Amnon, weil dieser seine Schwester Tamar vergewaltigt
hatte.

Abschaloms Rache an Amnon: 13[23–37]

[23] Zwei Jahre später ließ Abschalom in Baal-Hazor, das bei Efraim
Gen 38[12.13] liegt, seine Schafe scheren und lud alle Söhne des Königs ein. [24] Er ging
1 Sam 25[2] zum König und sagte: Dein Knecht läßt gerade seine Schafe scheren.
Der König möge doch samt seinen Dienern seinen Knecht dorthin be-
gleiten. [25] Der König antwortete Abschalom: Nein, mein Sohn, wir

13[18] In der EÜ sind die beiden Sätze umgestellt.

Brautpreis bezahlen und das Mädchen heiraten mußte; von ihr durfte er sich niemals trennen (Ex 22[15] Dtn 22[28.29]). Wenn der Vater des Mädchens der Heirat nicht zustimmte, war nach altem Recht dennoch der volle Brautpreis für ein unberührtes Mädchen zu entrichten (Ex 22[16]). Darum war das Unrecht, Tamar zu verstoßen, tatsächlich noch größer als die Vergewaltigung. [20] Ahnte Abschalom bereits, daß Amnon der Tamar nachgestellt hatte? [21] Nach G verhielt sich David zu nachlässig: »er zügelte den Übermut Amnons nicht, denn er liebte ihn, weil er sein Erstgeborener war«. Der Satz, den G bezeugt, könnte übersprungen worden sein, weil [22] auch mit einer Verneinung beginnt *(w*^{e}*lo')*.

13[23–37] Der Abschnitt umfaßt Abschaloms Einladung zur Schafschur [23–27], Amnons Ermordung [28.29], die Bestürzung und Verwirrung am Hof über die eintreffenden Gerüchte [30–33], Abschaloms Flucht und die Rückkehr der anderen Königssöhne [34–37]. [23–27] Der Leser rechnet damit, daß sich der Haß Abschaloms gegen Amnon [22] bald ausgewirkt hat. Aber Abschalom wartete zwei Jahre, bis er etwas unternahm. Dabei ging er sehr vorsichtig zu Werke. Er lud nicht nur Amnon, sondern alle Söhne des Königs zum Fest der Schafschur ein [23]. Der Erzähler beschreibt im folgenden noch etwas genauer, wie es dazu gekommen ist [24–27]: Abschalom bat den König – nicht den Vater – in höflicher Form, an der Schafschur teil-

können doch nicht alle kommen; wir wollen dir nicht zur Last fallen.
Obwohl Abschalom ihn dringend bat, wollte er nicht mitgehen, son-
dern wollte ihn mit dem Segensgruß verabschieden. 26 Da sagte Ab-
schalom: Kann nicht wenigstens mein Bruder Amnon mit uns gehen?
Der König fragte ihn: Warum soll er mit dir gehen? 27 Abschalom aber
drängte ihn (noch mehr), und der König ließ Amnon und seine ande-
ren Söhne mit ihm gehen. 28 Abschalom befahl seinen jungen Leuten:
Gebt acht: Wenn Amnon vom Wein guter Laune ist, werde ich zu euch 1 Kön 16[9.10]
sagen: Schlagt Amnon tot! Dann tötet ihn! Habt keine Angst! Ich
selbst habe es euch ja befohlen. Seid mutig und tapfer! 29 Die jungen
Leute Abschaloms machten mit Amnon, was ihnen Abschalom befoh-
len hatte. Da sprangen alle Söhne des Königs auf, stiegen auf ihre 2 Sam 18[9]
Maultiere und flohen. 30 Sie waren noch auf dem Weg, als zu David 1 Kön 1[33.38]
das Gerücht gelangte: Abschalom hat alle Söhne des Königs erschla-
gen; nicht einer von ihnen ist übriggeblieben. 31 Da stand der König
auf, zerriß seine Kleider und warf sich zu Boden. Auch alle seine Die- 1[11] 12[16.20]
ner, die um ihn herumstanden, zerrissen ihre Kleider. 32 Jonadab aber,
der Sohn Schimas, des Bruders Davids, sagte: Mein Herr soll nicht
glauben, daß alle jungen Männer, alle Söhne des Königs, tot sind. Nur
Amnon ist tot; denn Abschalom war verbittert seit dem Tag, an dem
Amnon seine Schwester vergewaltigte. 33 Mein Herr, der König,
nehme sich die Sache nicht so zu Herzen und denke nicht: Alle Söhne
des Königs sind tot. Nur Amnon ist tot.

zunehmen [24]. Als dieser ablehnte, äußerte Abschalom den Wunsch, daß zumindest Amnon der Einladung folgen dürfe [26]. Der Leser oder Hörer, der sich an den Haß Abschaloms erinnert [22], ahnt bereits, was letzterer im Schilde führt, und stellt die gleiche Frage wie der König [26]: »Warum soll er mit dir gehen?« Davids Worte verraten, daß er um die Gefahr für Amnon wußte. Er ließ darum seinen Erstgeborenen nicht allein ziehen, sondern schickte ihn zusammen mit den anderen Königssöhnen zur Schafschur. Der Erzähler hat die Unterredung Abschaloms mit dem König recht dramatisch gestaltet und damit die Spannung auf seiten des Lesers oder Hörers erhöht.

Was Abschalom wirklich beabsichtigte, enthüllt der Erzähler allerdings erst kurz vor der Tat [28]. Dabei betont Abschalom, daß er allein die ganze Verantwortung trägt: »Bin ich es nicht, der euch den Befehl erteilt hat?« Der Fragesatz mit dem hervorgehobenen Personalpronomen »ich« entlastet die Diener Abschaloms von jeglicher Mitverantwortung. Die Tat wird denn auch als bloße Ausführung des Befehls geschildert [29]. Der Erzähler nimmt dabei ein Wort wie »töten« gar nicht in den Mund.

Die anderen Königssöhne flohen zwar in panischer Angst auf ihren Maultieren [29b], aber das Gerücht, Abschalom habe sie alle getötet, war noch schneller als sie [30]. Während David und seine Diener bereits ihre Kleider zerrissen hatten, versuchte Jonadab den König zu beruhigen. Konnte David aber Jonadab glauben? War er es nicht gewesen, der den Plan zur Vergewaltigung Tamars

[34] Abschalom aber war geflohen. Der junge Mann jedoch, der Wache
18^{24} hielt, schaute aus und sah plötzlich, daß eine Menge Leute auf dem
hinter ihm liegenden Weg von der Seite des Berges herabkamen. [35] Da
sagte Jonadab zum König: Sieh, da kommen die Söhne des Königs. Es
ist so, wie dein Knecht gesagt hat. [36] Kaum hatte er das gesagt, da ka-
men die Söhne des Königs. Sie begannen laut zu weinen, und auch der
König und alle seine Diener brachen in heftiges Weinen aus. [37] Abscha-
3^{3} 14^{23} lom aber floh und ging zu Talmai, dem Sohn des Königs Ammihud
von Geschur, und David trauerte lange Zeit um seinen Sohn.

entwickelt hatte $^{3-5}$? Sollte allein Jonadab gewußt haben, daß Abschalom nur Amnon töten wollte? – Wenig später nahm ein Wächter wahr, daß die flüchtenden Königssöhne heraneilten ^{34}. Jonadab konnte den König an sein Wort erinnern ^{32}, mit dem er dem falschen Gerücht entgegen getreten war ^{35}. Die Bestätigung folgte auf dem Fuße ^{36}. Jonadab erscheint hier in weitaus besserem Licht, als wir ihn bislang kennengelernt haben. Er ist nicht mehr ein verschlagener, durchtriebener Ratgeber, sondern ein gut informierter Realist. Er steht nicht mehr auf seiten des inzwischen ermordeten Amnon, sondern verteidigt die Sache des neuen Kronprinzen Abschalom. Das veränderte Bild Jonadabs wirft die Frage auf, ob die Erzählungen in $^{1-22}$ und $^{23-37}$ nicht auf verschiedene Autoren zurückgehen.

Der Abschnitt endet mit der Nachricht von der Flucht Abschaloms ^{37}, die in ^{34a} schon einmal vorweggenommen worden ist. Tamar ist also gerächt, aber die Rache Abschaloms hat nur neue, noch größere Probleme geschaffen: David hat seinen ältesten Sohn ganz verloren, der andere ist in der Ferne. ^{23} Die Schafschur war ein Anlaß, ein Fest zu veranstalten (Gen 38^{12} 1 Sam 25^{2-8}). Baal Hazor wird mit *ǧebel ʿaṣūr* (8 km nordöstlich von Bet-El) identifiziert. In unmittelbarer Nähe dieses Ortes lag Efron, das hier Efraim genannt wird. ^{29} Maultiere wurden von Angehörigen des königlichen Hofes gern als Reittiere benutzt (18^{9} 1 Kön $1^{33.38.44}$).

^{31} David brachte seine Trauer durch sichtbare Gesten zum Ausdruck: Er zerriß seine Kleider (1^{11} 3^{31}) und warf sich auf die Erde (vgl. 12^{16}). ^{34} Die Beschreibung des Weges, den die Königssöhne nahmen, ist nicht leicht zu verstehen und textkritisch umstritten. Vielleicht wollte der Erzähler betonen, daß die Flüchtenden sich für verfolgt hielten und darum ungewöhnliche Wege einschlugen. G fügt noch ein: »Da kam der Wächter und meldete dem König: ›Ich habe Männer gesehen, die auf dem Weg von Horonaim von der Seite des Berges kommen.‹« Damit füllt der Übersetzer eine Lücke aus, die der Erzähler wohl bewußt gelassen hatte.

^{37} Abschalom floh zu seinem Großvater mütterlicherseits nach Geschur (vgl. 3^{3} und 14^{32}). In diesem aramäischen Kleinstaat am Nordende der Golanhöhen fühlte er sich vor dem Zugriff des Vaters sicher.

13^{38}–14^{33} Nach drei Jahren gelang es Joab, Abschalom mit Hilfe der weisen Frau aus Tekoa zurückzubringen: 13^{38}–14^{24}. Die zwei Jahre, in denen Abschalom bereits in Jerusalem wohnte, aber keine Audienz bei seinem Vater erhielt, füllt der Erzähler mit einer Beschreibung Abschaloms und seiner Familie aus: 14^{25-27}. Danach schildert er, wie Abschalom Joab dazu brachte, ihm eine Begegnung mit dem strengen König zu vermitteln: 14^{28-33}.

Abschaloms Rückkehr: 13^{38}–14^{33}

38 Abschalom war also geflohen und nach Geschur gegangen; dort
blieb er drei Jahre. 39 Dann aber hörte der König allmählich auf, gegen
Abschalom zu hadern; denn er hatte sich damit abgefunden, daß Am- Gen 24^{67}
non tot war.
14 1 Als Joab, der Sohn der Zeruja, merkte, daß das Herz des Königs
sich wieder Abschalom zuwandte, 2 schickte er (einen Boten) nach Te- Am 1^{1}

13^{39} Hörte auf: Die weibliche Verbform *(watt^e^kal)* setzt voraus, daß der Geist *(rū^a^ḥ)* Davids Subjekt ist. So auch G und 4 QSam[a].

$^{38.39}$ In der Überleitung greift der Erzähler nochmals die Flucht Abschaloms zu den Verwandten seiner Mutter auf und gibt dabei auch die Dauer des Aufenthaltes an [38]. Nach dem etwas schwierigen Wortlaut in [39] legt sich der Zorn des Königs. Sein Herz bleibt aber – entgegen der EÜ – weiter Abschalom abgeneigt (14^{1}, vgl. Dan 11^{28}). So läßt sich erklären, warum Joab nicht persönlich für die Rückkehr des Kronprinzen plädiert (14^{2-20}) und weshalb David den heimgekehrten Abschalom nicht sehen will (14^{24}).

14^{1-11} Joab ergreift die Initiative, bedient sich mit Bedacht einer »weisen Frau«, um sein Anliegen vor dem König vorzutragen. Sie soll in Trauergewändern zum König gehen und diesen durch eine frei erfundene Erzählung zu einem Urteil provozieren, auf das sie dann ihre Bitte zugunsten Abschaloms stützen kann. Der Plan Joabs erinnert an den Auftritt Natans, der durch sein Rechtsbeispiel David zu einem Ausspruch bewegt, der auf ihn selbst zutrifft (12^{1-7a}). Wir können auch jenen anonymen Prophetenschüler vergleichen, der seinem König eine frei erfundene Geschichte vorträgt, um dessen Urteil auf ihn selbst beziehen zu können (1 Kön 20^{35-42}). Der Erzähler verrät jedoch noch nicht, was die Frau vor dem König im einzelnen sagen soll [3]. Er erhöht dadurch die Spannung. Ein Hilferuf der Frau [4] leitet das Gespräch mit dem König ein [5a]. Der Hinweis auf ihren Witwenstand [5b] gehört bereits zu dem von ihr vorgetragenen Rechtsfall. Damit wird zugleich erklärt, warum sie als Frau vor dem König erscheint und sich nicht durch ihren Mann vertreten lassen kann. Der Brudermord auf freiem Feld [6] ist in dem fiktiven Fall der Grund dafür, daß sich die Sippe des verstorbenen Ehemannes dazu verpflichtet fühlt, den schuldigen Bruder zu töten; damit verliert die Frau aber auch ihren zweiten Sohn [7]. Diesen schwerwiegenden Konflikt soll der König lösen. Im Gespräch mit der Frau bezieht David in [8–11] Stellung. Zunächst verspricht er, sich um die Angelegenheit der Frau zu kümmern [8]. Das könnte jedoch bedeuten, daß der Mord auf dem freien Feld ungesühnt bleibt. Für diesen Fall übernimmt die Frau aus Tekoa die volle Verantwortung und spricht den König davon frei [9]. David versichert, daß er all jenen entgegentreten werde, die der Frau zu nahe treten [10]. Er bekräftigt schließlich auf Bitten der Frau seine Zusage mit einem Eid [11].

[1] Die weise Frau stammt aus dem judäischen Ort Tekoa (*ḫirbet teqū'* – 8 km südlich von Betlehem) – der Heimat des Propheten Amos (Am

koa und ließ von dort eine kluge Frau holen. Er sagte zu ihr: Tu so, als
Gen 37^{34} ob du trauerst, zieh Trauergewänder an, und salbe dich nicht mit Öl!
Stell dich wie eine Frau, die schon lange Zeit um einen Toten trauert. 3
1 Kön 1^{11-14} Dann geh zum König, und sprich folgendes zu ihm – und Joab sagte
ihr, was sie sagen sollte. 4 Die Frau aus Tekoa ging zum König, warf
sich mit dem Gesicht auf die Erde nieder, um ihm zu huldigen und
2 Kön 6^{26} 8^{3} sagte: Hilf mir, mein König! 5 Der König fragte sie: Was hast du? Sie
Est 5^{3} 12^{1-7} antwortete: Ach, ich bin eine Witwe; mein Mann ist tot. 6 Deine Magd
hatte zwei Söhne. Die beiden bekamen auf dem Feld Streit miteinan-
der, und weil niemand da war, der sich zwischen die beiden gestellt
Gen 4^{8} hätte, schlug der eine den anderen tot. 7 Da erhob sich die ganze Ver-
Ex 21^{12} Dtn 19^{11-13} wandtschaft gegen deine Magd. Sie sagten: Gib den, der seinen Bruder
Num $35^{19.21}$ erschlagen hat, heraus, damit wir ihn töten, weil er seinen Bruder ums
Leben gebracht hat. So wollten sie sogar den Erben vernichten. Sie
Mt 21^{38} Mk 12^{7} wollten die Kohle, die mir geblieben ist, auslöschen, um meinem Mann
weder Namen noch Nachkommen auf dem Erdboden zu lassen. 8 Da
sagte der König zu der Frau: Geh nach Hause! Ich werde deine Sache
in Ordnung bringen. 9 Die Frau aus Tekoa erwiderte dem König: Mein
1 Sam 25^{24} Herr und König, dann lastet die Schuld auf mir und dem Haus meines
Vaters. Der König aber und sein Thron werden schuldlos sein. 10 Der
König antwortete: Wenn jemand gegen dich spricht, bring ihn zu mir;
er wird dir nicht wieder zu nahe treten. 11 Sie aber sagte: Der König
Num 35^{25} rufe doch den Herrn, deinen Gott, dafür an, daß der Bluträcher nicht
noch mehr Unheil anrichtet und meinen Sohn umbringt. Der König
1 Sam 14^{45} antwortete: So wahr der Herr lebt, deinem Sohn soll kein Haar ge-
Apg 27^{34} krümmt werden.
12 Darauf sagte die Frau: Deine Magd möchte meinem Herrn, dem
König, noch ein Wort sagen. Er antwortete: Sprich! 13 Da fragte die

14^{11} Noch mehr: Korrektur.

1^{1}). Dort war auch einer der Gefolgsleute Davids zu Hause (23^{26}). 4 Bei einer späteren Belagerung Samarias wandte sich ebenfalls eine Frau aus dem Volk mit dem gleichen Hilferuf *hōšiʿā)* unmittelbar an den König (2 Kön 6^{27}). 6 Die geschilderte Szene erinnert natürlich an die Ermordung Abels durch seinen Bruder Kain (Gen 4^{8}). 11 Wörtlich beteuert David mit einem Schwur: »Keines von den Haaren deines Sohnes wird zur Erde fallen.« Die EÜ greift aber zu Recht eine deutsche Redewendung auf.

12–20 Nachdem der König sein Urteil gesprochen hat, wagt die Frau aus Tekoa, die Konsequenzen aus dem Urteil einzufordern, die sich für das Verhältnis Davids zu seinem Sohn Abschalom ergeben 12–14 (vgl. 12^{7a}). Sie erhebt den Vorwurf, daß der König gegen das Volk Gottes handle *(ḥšbth)*, wenn er den verstoßenen Abschalom nicht zurückkehren lasse 13a.bβ. Das stehe im Widerspruch zu den eben geäußerten Worten des Königs 13bα. Die Hinweise auf den unausweichlichen Tod 14a und auf

Frau: Warum planst du genau das gleiche gegen das Volk Gottes?
Wenn der König ein solches Urteil gefällt hat, spricht er sich selbst
schuldig, da er seinen verstoßenen (Sohn) nicht zurückkehren läßt. [14]
Wir müssen alle sterben und sind wie das Wasser, das man auf die Erde 12^{23} Gen 3^{19}
schüttet und nicht wieder einsammeln kann. Aber Gott wird dem das Koh 3^{19-21}
Leben nicht nehmen, der darauf aus ist, daß ein von ihm Verstoßener
nicht verstoßen bleibt. [15] Daß ich aber hergekommen bin, um dem Kö-
nig, meinem Herrn, das zu sagen, geschah, weil die Leute mir Angst
machten. Darum sagte sich deine Magd: Ich will mit dem König re-
den; vielleicht wird der König tun, was seine Magd sagt. [16] Ja, der Kö-
nig wird (auf mich) hören und seine Magd aus der Hand des Mannes
retten, der mich zusammen mit meinem Sohn aus dem Erbbesitz austil-
gen will. [17] Deine Magd hat sich gesagt: Das Wort meines Herrn, des
Königs, wird mich beruhigen; denn mein Herr, der König, ist gerade
so wie der Engel Gottes: Er hört Gutes und Böses. Der Herr, dein 19^{28} 1 Sam 29^{9}
Gott, sei mit dir.
[18] Der König erwiderte der Frau: Verhehl mir nichts von dem, was ich
dich jetzt frage. Die Frau sagte: Mein Herr und König, rede! [19] Da
fragte der König: Hat etwa Joab bei all dem die Hand im Spiel? Die
Frau antwortete: So wahr du lebst, mein Herr und König, an all dem,
was mein Herr, der König, sagt, kann man sich unmöglich rechts oder
links vorbeidrücken. Ja, dein Knecht Joab war es, der mir das befohlen

Gottes Barmherzigkeit [14b] sollen das Anliegen, das Joab der Frau eingeflößt hat, unterstreichen. Anschließend begründet die Frau aus Tekoa nochmals, warum sie sich mit ihrem fiktiven Fall an den König gewandt hat [15–17].

[13] Die weise Frau glaubt, daß die anhaltende Verbannung Abschaloms gegen die Interessen des »Volkes Gottes« gerichtet sei. Wenn darin auch die Auffassung des Erzählers zum Ausdruck kommt, dann ahnt dieser noch nichts von der kommenden Rebellion Abschaloms gegen seinen Vater David. [14] Die Frau aus Tekoa folgt weisheitlicher Tradition, wenn sie darauf hinweist, daß wir alle sterben müssen (12^{23} Ijob 14^{7-22} Koh 3^{19-21} 9^{1-6}). Diese Einsicht wird auch durch die christliche Botschaft nicht aufgehoben (Hebr 9^{27}). Das Bild vom verschütteten Wasser (Ps 22^{15}) kann einen profanen Hintergrund haben, es erinnert aber auch an den Ritus des Trankopfers (23^{16} 1 Sam 7^{6}). Der letzte Satz läßt sich auch so übersetzen: »Aber Gott wird das Leben nicht nehmen, sondern hegt die Absicht, daß der Verstoßene nicht verstoßen bleibt.« [16] Im hebräischen Text wie in den alten Übersetzungen spricht die Frau vom »Erbbesitz Gottes«, aus dem man sie und ihren Sohn austilgen wollte. Damit kann das ererbte Land gemeint sein, das der Familie erhalten bleiben sollte. [17] Als kluge Diplomatin schmeichelt die Frau dem König und vergleicht ihn mit einem Engel Gottes ([20] 19^{28} 1 Sam 29^{9}), der alles wahrnimmt, Gutes wie Böses (1 Kön $3^{9.12}$).

[18–20] Der König geht in seiner Erwiderung auf den Vorwurf ein, er habe Abschalom immer noch nicht zurückkehren lassen, und er erfährt, wer hinter der Frau aus Tekoa steht und die Fäden gezogen hat. Er weiß

hat; er hat all diese Worte deiner Magd in den Mund gelegt. [20] Das hat
dein Knecht Joab getan, um der Sache ein anderes Gesicht zu geben.
14[17] Ps 45[7] Mein Herr ist weise, wie der Engel Gottes, der alles weiß, was im Land
geschieht.
2 Sam 18[29] [21] Darauf sagte der König zu Joab: Gut, ich erfülle dir diese deine
Bitte. Geh, bring den jungen Abschalom zurück! [22] Joab warf sich mit
dem Gesicht auf die Erde nieder und huldigte (dem König). Er segnete
den König und sagte: Heute hat dein Knecht erkannt, daß ich dein
Wohlwollen gefunden habe, mein Herr und König, weil der König die
Bitte seines Knechtes erfüllt hat. [23] Dann brach Joab auf, ging nach Ge-
13[37] schur und brachte Abschalom nach Jerusalem zurück. [24] Der König
aber sagte: Er soll in sein Haus gehen, aber er soll mir nicht unter die
Augen treten. Abschalom ging in sein Haus, aber dem König durfte er
3[13] nicht unter die Augen treten.

[25] In ganz Israel gab es keinen schöneren und lobenswerteren Mann als
1 Sam 16[12] Abschalom. Vom Scheitel bis zur Sohle war kein Makel an ihm. [26] Und
Hld 4[1] Ri 13[5] 16[13.17–21] wenn er sein Haar schneiden ließ – das geschah von Zeit zu Zeit, weil
es so schwer wurde, daß er es schneiden lassen mußte –, und man wog

offenbar, daß Joab darauf drängt, den begabten, stattlichen Abschalom aus Geschur zurückzuholen.

[21–24] Der Erzähler wechselt zur Unterredung zwischen David und Joab über, ohne den Abgang der Frau aus Tekoa zu erwähnen. Joab ist offenkundig hoch erfreut, daß er Abschalom zurückführen darf (vgl. dagegen 18[14.15]). Doch eine Audienz verweigert der König seinem ältesten Sohn. Die Versöhnung ist noch nicht erreicht.

Die Erzählung in 13[38]–14[24] enthält schwierige Passagen. So kommt die Frau auf ihre fiktive Geschichte noch einmal zurück [15–17], nachdem sie das eigentliche Anliegen schon vorgetragen hat. Die Erzählung ist eventuell überall dort bearbeitet worden, wo man mehr auf das Schicksal der Mutter als auf das Leben des schuldig gewordenen Sohnes achtet [8–10.15–17]. Der Bearbeiter könnte sich dem Problem gestellt haben, das auch heute immer wieder auftaucht: Was ergibt sich für die Angehörigen von Straftätern nach einem durchaus gerechten Urteil? Darf man mit Blick auf die nahen Verwandten des Täters Recht und Gesetz außer Kraft setzen?

In der älteren Erzählung trug die Frau ihren fiktiven Fall vor [4–7], David leistete einen Eid zugunsten des schuldig gewordenen Sohnes [11], die Frau leitete daraus den Vorwurf ab, daß der König Abschalom immer noch nicht zurückgerufen habe [13a.bβ], David vergewisserte sich über Joabs Rolle [18–20] und gewährte Abschalom eine begrenzte Amnestie [21–24]. Die Übereinstimmungen mit dem Auftritt Natans (12[1–7a]) und dem des anonymen Prophetenschülers (1 Kön 20[35–42]) traten in der frühen Gestalt der Erzählung noch klarer hervor.

[25–27] Die Beschreibung des stattlichen Prinzen [25–27], mit dem sich in Israel niemand vergleichen konnte [25], zeugt von der Sympathie des Erzählers für Abschalom. Hätte das geschorene Haar wirklich 200 königliche Schekel gewogen, dann wären das mehr als 2,6 kg gewesen [26]. Anders als in

sein Haar, dann wog es zweihundert Schekel nach königlichem Ge- Ex 30[13.24]
wicht. [27] Drei Söhne wurden Abschalom geboren und eine Tochter na- 18[18]
mens Tamar; sie wurde eine Frau von großer Schönheit.
[28] Abschalom wohnte zwei Jahre lang in Jerusalem, ohne dem König
unter die Augen zu treten. [29] Da schickte Abschalom jemand zu Joab,
weil er ihn zum König senden wollte; aber Joab wollte nicht kommen.
Er schickte noch ein zweites Mal jemand hin, aber er wollte wieder
nicht kommen. [30] Da sagte Abschalom zu seinen Knechten: Seht, das Ex 22[4.5]
Feld Joabs, das neben meinem liegt; er hat dort Gerste (angebaut). Ri 15[4.5]
Geht hin, steckt es in Brand! Die Diener Abschaloms steckten das Feld
in Brand. [31] Darauf machte sich Joab auf den Weg, suchte Abschalom
in seinem Haus auf und fragte ihn: Warum haben deine Knechte das
Feld in Brand gesteckt, das mir gehört? [32] Abschalom antwortete: Ich
hatte doch jemand zu dir geschickt und dir sagen lassen: Komm her,
ich möchte dich zum König senden. Du sollst ihn fragen: Wozu bin ich
eigentlich von Geschur hergekommen? Es wäre für mich besser gewe-
sen, ich wäre dort geblieben. Jetzt aber möchte ich dem König vor die
Augen treten. Wenn eine Schuld auf mir liegt, soll er mich töten. [33] 1 Sam 20[8]
Joab ging zum König und berichtete ihm alles, und der König ließ Ab-
schalom rufen. Er kam zum König und fiel vor ihm mit dem Gesicht
zur Erde nieder. Und der König küßte Abschalom. Gen 33[3]

18[18] hat Abschalom hier [27] drei Söhne und eine Tochter. Während aber die Söhne nicht mit Namen genannt sind, erfahren wir, wie die Tochter hieß und daß sie sehr schön war. Hat Abschalom ihr absichtlich den Namen seiner Lieblingsschwester (vgl. 13[1]) gegeben? [28–33] Nach der Unterbrechung [25–27] greift der Erzähler noch einmal auf, daß Abschalom zwei Jahre lang vergeblich auf eine Audienz beim König warten mußte [28]. Joab weigerte sich, für Abschalom weiter einzutreten, da er nur zu genau die Einstellung des Königs kannte [29]. Abschalom versuchte daher durch eine drastische Maßnahme, mit Joab ins Gespräch zu kommen [30]. Daß der Erzähler dieses Vorgehen verurteilt (Ex 22[4.5] Spr 29[22]), ist keinesfalls sicher. Von Simson wird ähnliches erzählt (Ri 15[1–8]), ohne es zu mißbilligen. Abschalom war es leid, in Jerusalem zu sein, ohne dem König begegnen zu können. Den letzten Satz in [32] gebrauchte auch David, als er von Saul grundlos verfolgt wurde (1 Sam 20[8]). Joab hat nun doch Erfolg am Hof: Abschalom wird vorgelassen und huldigt dem König [33]. David kommt ihm sogar entgegen und besiegelt die Aussöhnung mit einem Kuß (vgl. Gen 33[4] und 45[15]). David ringt sich endlich zu einem Frieden mit Abschalom durch, den er lange genug gemieden hat (vgl. 13[21.37–39] und 14[24]). Es sieht so aus, als stünde der Erzähler in 2 Sam 13 und 14 ganz auf seiten Abschaloms und als habe er einen König vor Augen, der sich fast zu spät seinem Sohn Abschalom zuwendet. Nirgendwo deutet der Erzähler den späteren Aufstand an.

15[1–12] Abschalom verstand es, seine Erhebung gründlich vorzubereiten. Vier Jahre lang gewann er durch sein Reden und Verhalten die Herzen der

Abschaloms Aufstand gegen David: 15[1–12]

1 Kön 1[5] 15[1] Einige Zeit danach schaffte sich Abschalom einen Wagen und
Pferde an sowie fünfzig Mann, die immer vor ihm herliefen. [2] Früh am
19[9] Morgen stellte er sich neben den Weg zum Stadttor, und sooft jemand
Rut 4[1] mit einer Streitsache zum König vor Gericht gehen wollte, sprach er
ihn an und sagte: Aus welcher Stadt bist du? Wenn der dann antwortete: Dein Knecht ist aus einem der Stämme Israels!, [3] sagte Abschalom
zu ihm: Was du sagst, ist ja gut und recht, aber beim König gibt es niemand, der dich anhört. [4] Und Abschalom fügte hinzu: Würde mich
doch jemand zum Richter im Land machen, damit jeder, der einen
1 Kön 3[16–28] Streit oder eine Rechtssache hat, zu mir kommt; ich würde ihm Recht
1[15.16] 4[9–12] verschaffen. [5] Ging dann einer auf ihn zu, um vor ihm niederzufallen,
1 Sam 10[1] 20[41] dann streckte er die Hand aus, hielt ihn fest und küßte ihn. [6] So machte
es Abschalom bei allen Israeliten, die zum König vor Gericht gehen
Röm 16[18] wollten, und so stahl er sich in das Herz der Israeliten.
[7] Nach vier Jahren sagte Abschalom zum König: Ich möchte nach He-
3[2.3] bron gehen, um ein Gelübde zu erfüllen, das ich dem Herrn abgelegt
13[37 f] habe. [8] Denn dein Knecht hat bei seinem Aufenthalt in Geschur in
Gen 28[20–22] Aram das Gelübde gemacht: Wenn der Herr mich wirklich nach Jerusalem zurückkehren läßt, dann will ich für den Herrn einen Gottes-

15[7] Vier Jahre: Korrektur nach G^{L}, S und Vg. M: vierzig.

Israeliten für sich [1–6]. Danach ließ er sich in Hebron als König ausrufen [7–12]. Mit diesem Abschnitt beginnt die Geschichte des Abschalom-Aufstandes (15[1]–19[44]). [1–6] Abschalom war sich dessen bewußt, daß er der Kronprinz war, und hielt sich darum – wie später Adonija (vgl. 1 Kön 1[5]) – Wagen, Pferde und fünfzig Läufer [1]. Die erste Szene [2–6] beschreibt das sich ständig wiederholende Verhalten Abschaloms: Er machte sich bei den Israeliten dadurch beliebt, daß er ihnen pauschal recht gab; zugleich suggerierte er, daß am Königshof niemand ihre Klagen anhören werde [3]. Er empfahl sich als ein gerechter Richter, falls er König würde [4]. Die neue, höfische Sitte, vor dem Kronprinzen – und dem König (14[33]) – niederzufallen, lehnte er strikt ab und behandelte jedermann als gleichberechtigt [5]. Der Erzähler muß einräumen, daß Abschaloms Werben Erfolg hatte [6].

Dieser Abschnitt wirft die Frage auf, wie sich die königliche Gerichtsbarkeit zur Rechtsprechung durch die Ältesten (vgl. Gen 31[37] Ex 23[1–3.6–8]) verhielt. Appellierten die Israeliten an den König, weil ihre Fälle für die Ältesten am Tor zu kompliziert waren (Dtn 17[8])? Dann hätte Abschalom kaum allen sagen können, daß sie im Recht waren. Er wäre bald in den Ruf gekommen, ein Schwätzer zu sein, der es allen recht machen wollte. Anders verhielt es sich jedoch, wenn die Israeliten in die Hauptstadt kamen, um sich über allzu hohe Lasten, die ihnen die königliche Verwaltung auferlegte, zu beschweren. [7–12] Abschalom gab reichlich spät – vier Jahre nach der Rückkehr aus Ge-

dienst feiern. [9] Der König antwortete ihm: Geh in Frieden! Da brach 2 Kön 5^{19}
Abschalom auf und ging nach Hebron. [10] Doch (von dort) schickte er
Boten an alle Stämme Israels und ließ ihnen sagen: Wenn ihr den
Klang des Widderhorns hört, dann sollt ihr rufen: Abschalom ist Kö- 2 Kön 9^{13}
nig in Hebron. Zweihundert Männer aus Jerusalem waren mit Abscha- 1 Sam $9^{13.22}$
lom gegangen; er hatte sie eingeladen, und sie waren mit ihm gezogen,
ohne von der ganzen Sache etwas zu ahnen. [12] Als er seine Opfer dar- 1 Sam 22^{15}
brachte, ließ Abschalom auch den Giloniter Ahitofel, den Berater Da- $16^{15.23}$ 17^{23}
vids, aus seiner Heimatstadt Gilo kommen. So wurde die Verschwö- Jos 15^{51} Ps 55^{13-15}
rung immer größer, und immer mehr Leute schlossen sich Abschalom
an.

schur – vor, in seiner Geburtsstadt Hebron (3^3) ein Gelübde erfüllen zu wollen [7.8]. Der König gewährte die Bitte [9], obwohl Abschalom ihm schon einmal bei einem Aufenthalt außerhalb Jerusalems große Sorgen bereitet hatte (13^{23-29}). In Hebron angekommen, nutzte Abschalom die Situation aus und ließ überall ausrufen: »Abschalom ist in Hebron König geworden.« [10] (vgl. 2 Kön 9^{13}). Von den zweihundert Gästen in Hebron, die angeblich vorher nichts geahnt haben [11], wird nur Ahitofel erwähnt [12a].

Der rasche Erfolg der Verschwörung [12b] im Norden wie im Süden läßt sich historisch nur dadurch erklären, daß weite Kreise mit der neuen Monarchie sehr unzufrieden waren. Wir müssen damit rechnen, daß der Hof schon in den Tagen Davids und nicht erst während der Regierung Salomos den Israeliten Abgaben (vgl. 1 Kön 4^7 $5^{2.3.7}$) und Frondienste (vgl. 1 Kön 5^{27}) auferlegte. Hinzu kamen die Verpflichtungen zum Heerbann während der zahlreichen Kriege Davids. Die Beschwerden der freien Israeliten über die allzu hohen Lasten fanden aber bei David kein Gehör [2]. Der Erzähler gab freilich allein Abschalom die Schuld an der Revolte [11]: Dessen Anhänger hatten seine Pläne nicht durchschaut.

15^{13}–16^{14} David entschließt sich aufgrund der neuesten Nachrichten dazu, aus Jerusalem zu fliehen (15^{13-16}). Wir werden Zeugen seines Fluchtweges ($15^{17.18.23.30-32a}$ $16^{1a.5a.14}$). Dabei begegnet er nacheinander Ittai aus Gat (15^{19-23}), den Priestern Zadok und Abjatar (15^{24-29}), dem Arkiter Huschai (15^{32b-37}), dem Verwalter des Merib-Baal (16^{1-4}) und Schimi aus der Sippe des Saul (16^{5b-13}).

David flieht weinend, barfuß und mit verhülltem Haupt (15^{30a}), so daß auch seine Leute Tränen vergießen ($15^{23.30b}$). Seine Flucht über den Ölberg ähnelt einem Bußgang. In seiner Unterredung mit den Priestern ($15^{25.26}$) und mit Abischai ($16^{11.12}$) bringt David zum Ausdruck, daß er sich ganz in den Willen des Herrn fügt.

Der Erzähler spricht von der Flucht Davids aus Jerusalem, bei der natürlich Eile geboten ist (15^{14}). Von irgendeiner Hast ist aber in der Erzählung selbst nichts zu spüren. Beim letzten Haus läßt der König alle an sich vorbeigehen (15^{17}). Abjatar kann vor der Lade Opfer darbringen, »bis alle Leute aus der Stadt vollzählig vorübergezogen waren« (15^{24}). Die Dialoge mit Ittai (15^{19-22}), Zadok (15^{25-28}), Huschai (15^{33-35}), Ziba (16^{2-4}) und die Auseinandersetzung um das richtige Verhalten gegenüber Schimi (16^{7-12}) nehmen beträchtliche Zeit in Anspruch. David scheint auf

Davids Flucht aus Jerusalem: 15^{13}–16^{14}

[13] Als ein Bote kam und David meldete: Das Herz der Israeliten hat
Ri 9^{3} sich Abschalom zugewandt!, [14] sagte David zu allen seinen Dienern,
Dan 11^{42} die noch bei ihm in Jerusalem waren: Auf, wir müssen fliehen, denn für
uns gibt es keine Rettung vor Abschalom. Beeilt euch mit dem Auf-
bruch, sonst kommt er und holt uns ein, bringt Unglück über uns und
1 Sam 15^{8} 22^{19} schlägt die Stadt mit scharfem Schwert. [15] Die Diener des Königs sag-
ten zu ihm: Ganz wie der Herr und König sich entscheidet. Hier sind
16^{21} 20^{3} deine Knechte. [16] So zog der König fort, und sein ganzes Haus folgte
ihm. Nur die zehn Nebenfrauen ließ der König zurück; sie sollten das
Haus bewachen.

[17] Als der König mit den Leuten, die ihm folgten, fortzog, blieben sie
8^{18} beim letzten Haus stehen, [18] und alle seine Diener zogen an ihm vor-
1 Sam 27^{2} über, dazu alle Kereter und Peleter und alle Gatiter, jene sechshundert
Mann, die ihm aus Gat gefolgt waren; sie alle zogen vor dem König
vorüber. [19] Da sagte der König zu Ittai aus Gat: Warum willst auch du

seiner Flucht ähnlich viel Zeit zu haben wie bei seiner Rückkehr (19^{12-40}). Im Hebräischen werden an entscheidenden Stellen Partizipien und nicht Narrative gebraucht ($15^{18.23.24.30}$). Die Handlungen folgen also nicht schnell aufeinander, sondern verwandeln sich in stehende Bilder, die dem Hörer oder Leser Zeit zur Betrachtung lassen. Der Erzähler will uns dazu bringen, bei dem weinenden David, der mit verhülltem Haupt den Ölberg hinansteigt, zu verweilen.

Achtet man auf die Rolle Davids, dann gilt es zu differenzieren. Auf der einen Seite hebt er hervor, daß er dem Herrn ganz und gar ergeben ist ($15^{25.26}$). Aus dem gleichen Grund weist er Abischai zurück, der die Beschimpfung durch Schimi nicht dulden will (16^{10-12}). Auf der anderen Seite verzichtet er keineswegs auf jede Eigeninitiative, sondern sucht nach zuverlässigen Männern, die in Jerusalem Nachrichten für ihn sammeln und ihm überbringen können ($15^{27.28.35.36}$). Die doppelte Rolle hat David wohl erst im Laufe der Überlieferung erhalten. In der älteren Tradition verstand es David, den scheinbar so erfolgreichen Abschalom zu überlisten. Der jüngere Erzähler hob die Frömmigkeit des Königs hervor, der alles dem Willen des Herrn anheimstellte.

15^{13-16} Abschalom hatte nicht nur die Herzen der Nordisraeliten für sich gewonnen, als sein Aufstand in Hebron begann. Mit den »Israeliten« [13] sind auch die Judäer gemeint. David gab Jerusalem auf [14], obwohl es leicht zu verteidigen war (5^{6-8}). Er wollte sich aber nicht einer langen Belagerung aussetzen. Da [16a] den Aufbruch von [15a] wieder aufgreift, kann die Bemerkung über die zehn Nebenfrauen eingeschoben sein, um Abschaloms Verhalten gegenüber den Frauen vorzubereiten ($16^{21.22}$). [17.18] David hatte schon als Freischärler und als Vasall des Achisch von Gat sechshundert Mann um sich geschart (1 Sam 23^{13} 25^{13} 27^{2} 30^{9}). Sie folgten ihm jetzt ebenso unbeirrt wie die fremden Kereter und Peleter.

15^{19-22} David bot Ittai die Rückkehr nach Gat an, da er ihn nicht in einen

mit uns gehen? Kehr um, und bleib beim (neuen) König! Denn du bist Rut 1^{8}
ein Ausländer und aus deiner Heimat verbannt. 20 Erst gestern bist du
gekommen – und schon heute sollte ich dich aufjagen, um mit uns zu 1 Sam 23^{13}
gehen? Ich gehe, wohin ich eben gehe. Du aber kehr um, und bring
deine Brüder in Liebe und Treue zurück! 21 Doch Ittai erwiderte dem
König: So wahr der Herr lebt und so wahr mein Herr, der König, lebt: 2 Kön $2^{2.4.6}$
Nur an dem Ort, wo mein Herr, der König, ist, dort wird auch dein Rut $1^{16.17}$
Diener sein, sei es um zu leben oder um zu sterben. 22 Da sagte David
zu Ittai: Dann geh und zieh (mit deinen Leuten) vorüber! Und der Gatiter zog mit allen seinen Männern und dem ganzen Troß, den er bei
sich hatte, vorüber. 23 Alle weinten laut, als die Leute (an David) vorüberzogen. Dann überschritt der König den Bach Kidron, und alle zogen weiter auf dem Weg zur Steppe. 1 Kön 2^{37}
24 Auch Zadok und all die Leviten um ihn, die die Bundeslade Gottes Joh 18^{1}
trugen, waren dabei. Sie stellten die Lade Gottes nieder, und Abjatar 11^{11}
brachte Opfer dar, bis alle Leute aus der Stadt vollzählig an David 1 Sam 22^{23}
vorübergezogen waren. 25 Der König sagte zu Zadok: Bring die Lade $6^{1-15.17-19}$
Gottes in die Stadt zurück! Wenn ich vor den Augen des Herrn Gnade
finde, dann wird er mich zurückführen und mich die Lade und ihre Ps 43^{3}
Stätte wiedersehen lassen. 26 Wenn er aber sagt: Ich habe an dir keinen 1 Kön 10^{9}
Gefallen!, gut, dann mag er mit mir machen, was ihm gefällt. 27 Und 1 Sam 3^{18}
(weiter) sagte der König zu dem Priester Zadok: Siehst du das ein?
Kehr in Frieden in die Stadt zurück, ebenso dein Sohn Ahimaaz und 8^{17} 17^{17} 18^{19}
Abjatars Sohn Jonatan, eure beiden Söhne. 28 Merkt euch: Ich werde 1 Kön 1^{42}
an den Furten zur Steppe warten, bis von euch eine Nachricht kommt, 17^{16}

15^{19} Aus deiner Heimat: so G, S und Vg. M: in deine Heimat.

innerisraelitischen Bürgerkrieg hineinziehen wollte. Aber Ittai antwortete David so ähnlich wie Rut ihrer Schwiegermutter (Rut 1^{16}). Die Treue des fremden Gatiters bildet einen wirksamen Kontrast zum Abfall vieler Israeliten von David. Der Erzähler mag dabei sogar an ein Wortspiel zwischen dem Namen Ittai *('ittai)* und der Präpositionalverbindung »mit uns« ($15^{19.20}$: *'ittānū*) gedacht haben.

15^{24-29} In der ursprünglichen Szene sandte David die beiden Priester mit der Lade zurück, damit sie ihm durch ihre beiden Söhne Nachrichten aus der Stadt überbringen konnten ($15^{35.36}$ 17^{15-22}). Das Argument, daß die anwesende Lade Davids Schicksal nicht beeinflussen konnte, mag der jüngere Erzähler der alten Ladetradition (1 Sam 4^{3-11}) entnommen haben. Zadok wird übrigens hier allein angeredet $^{25.27}$, obwohl kurz zuvor auch von Abjatar gesprochen worden ist ^{24}. Vielleicht hat ein Späterer bei diesem Gespräch bereits die Verbannung Abjatars (1 Kön $2^{26.27}$) berücksichtigt und dessen Beteiligung reduziert. Erst in der Zeit des Exils sind die Leviten hinzugekommen, die die Bundeslade Gottes tragen ^{24}; sie werden bei der Rückkehr nach Jerusalem nicht mehr erwähnt ^{29}. Die Bitte Davids, der Herr möge den Rat des Ahitofel vereiteln ^{31}, weist schon auf

die mir Bescheid gibt. [29] Darauf brachten Zadok und Abjatar die Lade
Gottes nach Jerusalem zurück und blieben dort.
19^{5} Est 6^{12} [30] David stieg weinend und mit verhülltem Haupte den Ölberg hinauf;
Jes 20$^{3.4}$ er ging barfuß, und alle Leute, die bei ihm waren, verhüllten ihr Haupt
und zogen weinend hinauf. [31] Man hatte David die Nachricht ge-
bracht, daß auch Ahitofel unter den Verschwörern auf seiten Abscha-
16^{23} loms war. Da sagte David: Herr, vereitle den Rat Ahitofels!
17^{14} 1 Kön 11^{7} [32] Als David auf den Gipfel des Berges kam, auf dem man sich vor Gott
16^{16} 17^{5} Jos 16^{2} niederwirft, kam ihm plötzlich der Arkiter Huschai entgegen, mit zer-
1^{2} rissenen Kleidern und Erde auf dem Haupt. [33] David sagte zu ihm:
19^{36} Wenn du mit mir ziehst, wärest du mir nur eine Last. [34] Wenn du aber
in die Stadt zurückkehrst und zu Abschalom sagst: Ich bin dein
16^{19} Knecht, mein König, ich war früher der Knecht deines Vaters, jetzt
17^{7} 1 Chr 27^{33} aber will ich dein Knecht sein!, dann kannst du für mich den Rat Ahi-
tofels durchkreuzen. [35] Die Priester Zadok und Abjatar werden auch
dort bei dir sein, und du kannst alles, was du aus dem Haus des Königs
hörst, den Priestern Zadok und Abjatar berichten. [36] Sie haben dort
auch ihre beiden Söhne bei sich, Zadok den Ahimaaz und Abjatar den
Jonatan; durch sie könnt ihr mir alles übermitteln, was ihr hört. [37] So
16^{15} kam Huschai, der Freund Davids, in die Stadt zurück, als Abschalom
gerade in Jerusalem ankam.
9$^{1-13}$ 16[1] Als David vom Gipfel des Berges aus ein Stück weiterzog, da kam
ihm Ziba, der Diener Merib-Baals, mit einem Paar gesattelter Esel ent-
gegen. Sie waren mit zweihundert Broten, hundert Traubenkuchen,
hundert frischen Früchten und einem Schlauch Wein beladen. [2] Der
Ri 10^{4} Sach 9^{9} König fragte Ziba: Was hast du damit vor? Ziba antwortete: Die Esel
17^{29} sind für die königliche Familie als Reittiere bestimmt, das Brot und die
Früchte zur Verpflegung deiner Diener, der Wein ist zum Trinken für

15^{31} Man hatte David die Nachricht gebracht: Korrektur nach G, S und Vg. M: »David brachte die Nachricht«.

die Szene in 17$^{5-14}$ voraus und wird nicht älter als diese sein.

15$^{32-37}$ Huschai konnte David in Jerusalem doppelt nützlich sein: Er vermochte dem Vorschlag des weisen Ahitofel einen anderen Plan entgegenzusetzen und die Geheimnisse des Kriegsrates an die Getreuen Davids weiterzuleiten. Der »Freund des Königs« [37] war ein vertrauter Ratgeber, der unter Salomo zum Kreis der hohen Beamten gezählt wurde (1 Kön 4^{5}). Ein Brief aus El-Amarna bezeugt ein solches Amt in Jerusalem bereits für das 14. Jahrhundert v. Chr. Das schließt nicht aus, daß David und Huschai tatsächlich befreundet waren (16^{17}).

16$^{1-4}$ Der Verwalter Ziba verstand es, sich ins rechte Licht zu setzen. Wir wissen freilich, daß Merib-Baal aufgrund eines Unglücksfalles (4^{4} 9^{3}) gelähmt war und darum Jerusalem nicht ohne fremde Hilfe verlassen konnte (19^{27}). David vertraute jedoch dem Verwalter Ziba, der lebenswichtige Güter gebracht hatte (1 Sam 25^{18}), und verfügte über das Eigentum des

die, die in der Steppe müde werden. 3 Der König fragte: Wo ist der 19^{25-31}
Sohn deines Herrn? Ziba antwortete dem König: Er ist in Jerusalem
geblieben; denn er hat gesagt: Heute wird mir das Haus Israel das
Königtum meines Vaters wiedergeben. 4 Da sagte der König zu Ziba:
Jetzt soll alles, was Merib-Baal gehört, dir gehören. Ziba antwortete:
Ich habe mich (vor dir) niedergeworfen; möge ich Gnade finden vor
deinen Augen, mein Herr und König.
5 Als König David nach Bahurim kam, da kam plötzlich aus der Stadt 19^{17-24}
ein Mann namens Schimi, ein Sohn Geras aus der Sippe des Hauses 1 Kön $2^{8.9.36-46}$
Saul. Er kam David mit Flüchen entgegen, 6 und warf mit Steinen nach
ihm und allen Dienern des Königs David, obwohl das ganze Volk und
alle Krieger rechts und links um ihn standen. 7 Schimi schrie und
fluchte: Verschwinde, verschwinde, du Mörder, du Niederträchtiger!
8 Der Herr hat all deine Blutschuld am Haus Sauls, an dessen Stelle du 1 Kön 2^{33}
König geworden bist, auf dich zurückfallen lassen. Der Herr hat das $21^{8.9}$
Königtum in die Hand deines Sohnes Abschalom gegeben. Nun bist 1 Sam 15^{28}
du ins Unglück geraten; denn du bist ein Mörder. 9 Da sagte Abischai, $1^{15.16}$ 4^{9-12}
der Sohn der Zeruja, zum König: Warum flucht dieser tote Hund mei- Ex 22^{17}
nem Herrn, dem König? Ich will hinübergehen und ihm den Kopf ab- 1 Sam 24^{15} 19^{21}
schlagen. 10 Doch der König antwortete: Was habe ich mit euch zu 19^{23}
schaffen, ihr Söhne der Zeruja? Wenn er flucht und wenn der Herr 2^{18}
ihm gesagt hat: Verfluch David!, wer darf dann fragen: Warum tust du 2 Kön 18^{25}
das? 11 Und weiter sagte David zu Abischai und all seinen Dienern:
Seht, mein leiblicher Sohn trachtet mir nach dem Leben, wieviel mehr
muß es dann dieser Benjaminiter tun. Laßt ihn fluchen! Sicherlich hat
es ihm der Herr geboten. 12 Vielleicht sieht der Herr mein Elend an und 1 Sam 1^{11}
erweist mir Gutes für den Fluch, der mich heute trifft. 13 David und Gen 50^{20}
seine Männer setzten ihren Weg fort; Schimi ging am Berghang neben Röm 8^{28}

16^{12} Mein Elend: Korrektur nach G, S und Vg. M: mein Unrecht *(K^e^tīb)* bzw. mein Auge *(Q^e^rē)*.

letzten Sauliden. Dazu war er als König offenbar berechtigt (vgl. 9^{7} 19^{30} 2 Kön 8^{1-6}).

16^{5-13} Schimi war ein naher Verwandter Sauls. Er hielt David für schuldig, die Niederlage Sauls zugelassen zu haben (1 Sam 31); er warf ihm vermutlich außerdem vor, bei der Ermordung Abners (2 Sam 3^{27}) und Ischbaals (2 Sam 4^{5-12}) die Hände mit im Spiel gehabt zu haben. Vielleicht dachte er auch an die Auslieferung der sieben Nachkommen Sauls an die Gibeoniter (2 Sam 21^{1-9}). Schimi konnte Steine werfen und fluchen, weil er sich offenbar jenseits des Bachtales am Berghang auf halber Höhe 13 bewegte. Wenn jemand von Davids Begleitern hinübergegangen wäre 9, dann hätte Schimi leicht die Flucht ergreifen können. Abischai wollte seinen königlichen Vetter dennoch vor Gefahr und Schande bewahren und erneut ein Beispiel seiner Tatkraft geben (1 Sam 26^{8} 2 Sam 2^{24} 19^{22} 21^{17}). Aber David wies das Ansinnen Abischais mit der Formel scharf zurück: »Was habe ich mit euch zu schaffen ...?« (vgl. 19[23] Ri 11[12] 1 Kön 17[18] 2 Kön 3[13] 2 Chr 35[21] Joh 2[4]). David sah sogar darin eine Fügung des Herrn, daß Schimi ihm fluchte [10.11]. In seinen Augen war Gott aber auch in der Lage, solche Verwünschungen außer Kraft zu setzen.

16[15]–17[23] Der Erzähler wendet in diesem Abschnitt seinen Blick nach Jerusalem. Im Mittelpunkt des Abschnittes stehen die beiden Ratgeber Ahitofel und Huschai. Zunächst gelingt es Huschai, bei Abschalom aufgenommen zu werden [15–19]. Abschalom fragt aber Ahitofel um Rat [20]. Der erste Vorschlag Ahitofels bezieht sich auf die zurückgelassenen Nebenfrauen Davids [21–23], der zweite auf die schnelle Verfolgung Davids [1–4]. Der herbeigerufene Huschai entwickelt jedoch eine entgegengesetzte Strategie, die angenommen wird [6–14]. Außerdem verrät er den Plan Ahitofels an die Boten Davids, die den alten König vor einem schnellen Überfall warnen können [15–22]. Als Ahitofel einsieht, daß seine Sache verloren ist, nimmt er sich das Leben [23].

Der Erzähler hat es verstanden, dem Disput der Ratgeber die nötige Dramatik zu verleihen. Denn Ahitofel hatte in diesem Streit zunächst die besseren Karten. Er war schon seit der Proklamation Abschaloms in Hebron auf dessen Seite (15[12]). Huschai galt dagegen als ein Vertrauter Davids, der erst im Laufe des Aufstandes die Fronten gewechselt hatte (16[16–19]). Konnte Abschalom ihm trauen? Außerdem galt nur der Rat Ahitofels soviel wie ein Gotteswort (16[23]). Es muß den Hörer oder Leser darum überraschen, daß sich Abschalom und seine Männer für den Plan Huschais aussprachen (17[14a]). Nach dieser Entscheidung fällt die Spannnung keineswegs ab, sondern steigert sich noch. Denn Jonatan und Ahimaaz, die Söhne der Priester Abjatar und Zadok (15[36]), die David benachrichtigen sollten, entkamen ihren Verfolgern in letzter Minute nur durch die beherzte und intelligente Hilfe einer Frau (17[17–21]).

Die Vorschläge der beiden Ratgeber unterschieden sich darin, wieviel Zeit sich Abschalom bei der Verfolgung seines Vaters David nehmen konnte. Ahitofel drängte zur Eile (17[1–3]). Huschai empfahl dagegen, erst einmal den gesamten Heerbann einzuberufen. Abschalom hätte dafür zumindest mehrere Tage einplanen müssen (vgl. 20[4.5]).

Der Erzähler spricht davon, daß Huschais Strategie angenommen worden ist (17[14a]). Sieht man allerdings genauer hin, dann ergeben sich Zweifel. Huschai teilte David durch Boten den Rat Ahitofels mit und riet dringend zur Eile; er setzte dabei keinesfalls voraus, daß der Plan Ahitofels verworfen worden war (17[16.21]). David verstand es auch so (17[22]) und rettete sich damit (17[24]). Ahitofels Plan scheiterte folglich nicht, weil man Huschais Vorschlag für besser hielt (17[14a]), sondern weil er verraten wurde. Vermutlich hat also erst ein jüngerer Erzähler den Plan Huschais eingefügt (17[5–14a]) . Er nahm Huschai das Odium des Verräters und machte ihn zu einem erfolgreichen Gegenspieler Ahitofels. Letzterer sei mit seinem Rat gescheitert und habe sich erhängt (17[23]).

Ahitofel ist in der heutigen Erzählung auch nicht ganz konsequent. Wenn er wirklich für eine schnelle, entschlossene Verfolgung Davids plädierte (17[1–3]), dann durfte er nicht zuvor Abschalom empfehlen, zu den Nebenfrauen seines Vaters zu gehen. Dieser Vorschlag [21] und die Ausführung [22] unterliegen daher dem Verdacht, auf eine jüngere Erweiterung zurückzugehen (vgl. 15[16b] und 20[3]). Dem engen Vertrauten des Rebellen

ihnen her und fluchte ununterbrochen, warf mit Steinen nach ihm und 19^{21}
bewarf ihn mit Erde. [14] Erschöpft kam der König mit allen Leuten, die
er bei sich hatte, an den Jordan; dort konnte er wieder Atem schöpfen.

Abschalom in Jerusalem: 16^{15}–17^{23}

[15] Abschalom war mit dem ganzen Heer der Israeliten nach Jerusalem 15^{37}
gekommen; auch Ahitofel war bei ihm. [16] Als der Arkiter Huschai, der
Freund Davids, zu Abschalom kam, sagte er zu Abschalom: Es lebe 1 Sam 10^{24}
der König, es lebe der König! [17] Abschalom fragte Huschai: So sieht 1 Kön $1^{25.34.39}$
die Liebe zu deinem Freund aus? Warum bist du nicht mit deinem 1 Chr 27^{33}
Freund gegangen? [18] Huschai sagte zu Abschalom: Nein, ich gehöre
vielmehr zu dem, den der Herr und dieses Volk und alle Israeliten er-
wählt haben; bei ihm will ich bleiben. [19] Und außerdem: Wem diene ich 6^{21}
denn? Doch nur seinem Sohn. Wie ich vor den Augen deines Vaters
Dienst getan habe, so will ich auch dir zur Verfügung stehen. 15^{34}
[20] Abschalom sagte zu Ahitofel: Gebt einen Rat, was wir tun sollen. [21]
Ahitofel sagte zu Abschalom: Geh zu den Nebenfrauen deines Vaters, 15^{16}
die er hiergelassen hat, um das Haus zu bewachen. So wird ganz Israel
erfahren, daß du dich bei deinem Vater verhaßt gemacht hast, und 1 Sam 13^{4}
alle, die zu dir halten, werden ermutigt. [22] Man errichtete für Abscha- 2^{7} 12^{11}
lom ein Zelt auf dem Dach, und Abschalom ging vor den Augen ganz 20^{3}
Israels zu den Nebenfrauen seines Vaters. [23] Ein Rat, den Ahitofel gab, 15^{12}
galt in jenen Tagen so viel, als hätte man ein Gotteswort erbeten. So 17^{23}
galt jeder Rat Ahitofels, bei David wie bei Abschalom.

16^{18} Ich gehöre ... zu dem: nach G korrigiert *(lō)*. M enthält die sehr ähnliche Verneinung *(lō')*.

(15^{12}) legte man einen Rat in den Mund, der dem altisraelitischen Ethos klar widersprach (Lev 18^{8} 20^{1} Dtn 23^{1} 27^{20}). Der jüngere Erzähler klagte Ahitofel und Abschalom an; er rückte damit David in ein besseres Licht.

16^{15-19} Huschai wiederholte die Akklamation des Königs (vgl. 1 Sam 10^{24} 2 Kön 11^{12}) und bekräftigte sie [16]. Er vermied es aber, den Namen Abschalom damit zu verknüpfen (vgl. 1 Kön $1^{25.34.39}$); er verriet David also nicht formell. Abschalom blieb mißtrauisch und spielte auf das Amt Huschais als »Freund des Königs« an [17]. Huschai berief sich auf die Wahl, die der Herr und das Volk getroffen hätten [18]; auch diese Aussage war freilich zweideutig. Erst am Ende brachte er seine Loyalität gegenüber dem Sohn klar zum Ausdruck, ohne sich allerdings vom Vater zu distanzieren [19]. Es war kein Wunder, daß er nicht sogleich in den Kriegsrat aufgenommen wurde (17^{5}). [20–23] Wenn Abschalom auf den Rat Ahitofels [21] gehört und mit den Frauen seines Vaters geschlafen hätte [22], dann wäre damit demonstriert worden, daß der Bruch zwischen Vater und Sohn endgültig war (vgl. 1 Kön 2^{22}). Das hohe Ansehen Ahitofels [23] weckte in der alten Erzählung die Erwartung, daß

17[1] Und Ahitofel sagte weiter zu Abschalom: Ich möchte zwölftausend
Mann auswählen, mit ihnen noch heute nacht aufbrechen und David
16[14] nachsetzen. [2] Ich will ihn überfallen, wenn er noch müde und ermattet
ist, und ihm einen Schrecken einjagen. Alle Leute, die bei ihm sind,
Sach 13[7] werden fliehen, und ich kann den König, wenn er allein ist, erschlagen.
1 Kön 22[31] [3] Dann werde ich das ganze Volk zu dir zurückführen, wie eine Neu-
vermählte zu ihrem Mann heimgeholt wird. Du trachtest ja nur dem
einen Mann nach dem Leben; das ganze übrige Volk aber soll Frieden
haben. [4] Der Plan erschien Abschalom und allen Ältesten Israels gut.
[5] Abschalom aber sagte: Ruft auch den Arkiter Huschai! Wir wollen
hören, was er zu sagen hat. [6] Als Huschai kam, sagte Abschalom zu
ihm: Das und das hat Ahitofel gesagt. Sollen wir seinen Vorschlag aus-
15[34] führen? Wenn nicht, dann rede du! [7] Da sagte Huschai zu Abschalom:
Diesmal ist der Rat, den Ahitofel gegeben hat, nicht gut. [8] Und er fuhr
1 Sam 16[18] fort: Du kennst deinen Vater und seine Männer; sie sind Krieger und
Hos 13[8] Spr 17[12] von wildem Mut erfüllt, wie eine Bärin im freien Gelände, der man die
Jungen geraubt hat. Dein Vater ist ein Krieger, der mit seinen Leuten
keine Nachtruhe hält. [9] Sicher hält er sich jetzt in einer Höhle oder an
einem anderen Ort versteckt. Wenn nun gleich zu Anfang einige von
deinen Leuten fallen und man hört davon, wird man sagen: Die An-
hänger Abschaloms haben eine Niederlage erlitten. [10] Dann wird auch
Jos 2[11] der Tapferste – und habe er ein Herz wie ein Löwe – völlig den Mut
verlieren; denn ganz Israel weiß, daß dein Vater ein Held ist und tap-
3[10] fere Männer bei sich hat. [11] Darum rate ich: Alle Israeliten zwischen
Jos 11[4] 1 Sam 13[5] Dan und Beërscheba sollen sich bei dir versammeln, (ein Heer) so
zahlreich wie der Sand am Ufer des Meeres. Du selbst mußt (mit ih-
nen) in den Kampf ziehen. [12] Wenn wir ihn dann in einem der Orte, wo

17[3] Der Vergleich mit der Neuvermählten ist ebenso nach G übersetzt wie das Trachten nach einem einzigen Mann.

sein Ratschlag auch von Abschalom befolgt wurde. Der jüngere Erzähler, in dessen Augen Ahitofel im entscheidenden Augenblick gescheitert war, wagte nicht, diesen Satz zu streichen. 17[1–4] Ahitofel setzte voraus, daß schon genügend Männer Abschalom zur Verfügung standen [1] (vgl. 16[15]), um David zu überraschen, zu isolieren und zu erschlagen [2]. Er würzte seine Rede mit der Metapher vom Volk als einer Braut, die dem König zugeführt wird [3]. – [5–14] In der Sicht des jüngeren Erzählers riet Huschai davon ab, David schnell fangen zu wollen. Denn David sei sicher so klug, sich nicht im Lager aufzuhalten (vgl. 1 Sam 26[5]), sondern habe sich versteckt. Huschai empfahl, erst alle wehrfähigen Männer von Dan bis Beërscheba zu sammeln und dann zuzuschlagen. Das hätte natürlich geraume Zeit beansprucht; aber eben das war Huschais geheime Absicht. Die Zustimmung zu Ahitofels Rat wurde zurückgenommen; darin sah der jüngere Erzähler den Herrn am Werk [14] (vgl. 15[31]). Ein dtr Redaktor verdeutlichte das noch: Der Herr selbst hat das Unheil über Abschalom

er sich aufhält, finden, überfallen wir ihn, wie der Tau auf die Erde Ri 6[36–40]
fällt; dann wird von ihm und allen Männern, die bei ihm sind, auch
nicht einer übrigbleiben. 13 Und wenn er sich in eine Stadt zurückzieht,
so wird ganz Israel Seile an (den Mauern) jener Stadt befestigen, und
wir schleifen sie ins Tal hinab, so daß dort, wo sie sind, kein Stein mehr
zu finden ist. 14 Da sagten Abschalom und alle Israeliten: Der Rat des Mi 1[6]
Arkiters Huschai ist besser als der Rat Ahitofels. Der Herr hatte es
nämlich so bestimmt; der gute Rat Ahitofels sollte durchkreuzt wer- 15[31]
den, weil der Herr Unheil über Abschalom bringen wollte.
15 Darauf sagte Huschai zu den Priestern Zadok und Abjatar: Das und 15[35.36]
das hat Ahitofel Abschalom und den Ältesten Israels geraten, und das
und das habe ich geraten. 16 Schickt jetzt schnell jemand zu David, und
laßt ihm sagen: Bleib heute nacht nicht bei den Furten, (die) zur Steppe 15[28]
(hinüberführen), sondern zieh sofort hinüber, damit nicht der König
samt allen Leuten, die er bei sich hat, vernichtet wird. 17 Jonatan und 15[27]
Ahimaaz aber hielten sich an der Rogel-Quelle auf; eine Magd ging zu Jos 15[7] 18[16]
ihnen und brachte ihnen die Nachricht, sie aber gingen zu König Da-
vid und machten ihm Meldung. Sie durften sich nämlich nicht sehen
lassen und konnten deshalb die Stadt nicht betreten. 18 Doch ein junger
Mann sah sie trotzdem und meldete es Abschalom. Die beiden aber 1 Sam 22[9]
gingen schnell weiter und kamen zum Haus eines Mannes in Bahurim, 16[5] 19[17]
der in seinem Hof einen Brunnen hatte. Sie stiegen hinein, 19 und die
Frau nahm eine Decke, breitete sie über die Öffnung des Brunnens und
streute Körner darauf, so daß man nichts merken konnte. 20 Als Ab- Jos 2[6]
schaloms Knechte zu der Frau ins Haus kamen, fragten sie: Wo sind
Ahimaaz und Jonatan? Die Frau antwortete ihnen: Sie sind von hier Jos 2[5]
zum Wasser weitergegangen. Die Knechte machten sich auf die Suche,
als sie sie aber nicht fanden, kehrten sie nach Jerusalem zurück.

17[13] Wir schleifen sie (die Stadt): nach G und Vg korrigiert. In M ist David das Objekt.

17[20] Von hier zum Wasser: nach S korrigiert.

gebracht (vgl. 1 Kön 9[9] 14[10] 21[21.29] 2 Kön 21[12] 22[16.20]). – [15–22] Der Rat des Ahitofel spielte noch immer eine große Rolle [15–16]. Die Söhne der beiden Priester (15[27.36]) hielten sich nicht mehr in Jerusalem auf, sondern an der Rogel-Quelle – dem heutigen Ijobs-Brunnen *(bīr ayyūb)* – im südlichen Kidrontal. Nur eine Magd konnte ihnen die wichtigen Nachrichten überbringen. Doch trotz aller Vorsicht wurden sie von einem jungen Mann beobachtet, der zu Abschalom hielt oder von ihm dazu bestellt war, Mitteilungen an David zu unterbinden. In Bahurim – der Heimat Schimis (16[5]) – war es wieder eine Frau, die Jonatan und Ahimaaz half. Sie verbarg die Boten ähnlich wie einst Rahab ihre Gäste in Jericho (Jos 2[6]). [23] Es wird nicht gesagt, ob sich Ahitofel schon am nächsten Morgen umbrachte oder erst nach dem offenkundigen Scheitern des

[21] Nachdem sie weggegangen waren, stiegen die beiden aus dem Brun-
nen heraus, gingen zu König David und brachten ihm die Nachricht.
Sie sagten zu David: Brecht auf, und geht schnell über den Fluß hin-
über; denn Ahitofel hat gegen euch den und den Rat erteilt. [22] Da
brach David mit allen Leuten, die noch bei ihm waren, auf, und zog
über den Jordan. Als es Morgen wurde, war auch nicht mehr einer da,
der den Jordan nicht überschritten hätte.
[23] Als Ahitofel sah, daß sein Rat nicht ausgeführt wurde, sattelte er sei-
nen Esel, brach auf und kehrte in seine Heimatstadt zurück. Dann be-
2 Kön 20^{1} stellte er sein Haus und erhängte sich. So starb er, und man begrub ihn
Mt 27^{5} im Grab seines Vaters.

Davids Vorbereitungen zum Kampf: 17^{24}–18^{5}

2^{8} Gen $32^{2.3}$ $20^{4.5.8-13}$ [24] Als David nach Mahanajim gekommen war, überschritt Abschalom
1 Kön $2^{5.32}$ mit allen Israeliten den Jordan. [25] Abschalom hatte Amasa anstelle Jo-
1 Chr $2^{16.17}$ abs an die Spitze des Heeres gestellt. Amasa war der Sohn eines Ismae-
liters namens Jeter und der Abigal, die eine Tochter des Nahasch und
eine Schwester von Joabs Mutter Zeruja war. [26] Die Israeliten unter
2^{9} Abschalom schlugen ihr Lager im Gebiet von Gilead auf.

17^{25} Ismaeliters: Korrektur nach 1 Chr 2^{17}.

Aufstandes. Der Selbstmord galt nicht als eine verwerfliche Tat (Ri 9^{54} 1 Sam $31^{4.5}$ 1 Kön 16^{18} 2 Makk 14^{41-46}). Die Familie sah deshalb keinen Grund, ihrem prominenten Toten das ehrenvolle Begräbnis zu verweigern.

17^{24}–18^{5} Abschalom und David bereiten sich auf die bevorstehende Auseinandersetzung vor (17^{24-26} und 18^{1-5}). Zwischen den beiden Abschnitten steht die Szene, in der Persönlichkeiten des Ostjordanlandes David Decken, Geräte und Lebensmittel bringen (17^{27-29}). Davon wird erzählt, um zu zeigen, wie beliebt David war.

17^{24-26} David hatte durch seinen eiligen Aufbruch ($^{16.21.22}$) bereits die Stadt Mahanajim erreicht ^{24}, als Abschalom den Jordan überschritt. Mahanajim, das noch nicht genau lokalisiert, vermutlich aber südlich des Jabbok zu suchen ist, war zuvor der Wohnsitz Ischbaals (2^{8}) und wurde unter Salomo zur Residenz eines Statthalters (1 Kön 4^{14}). Die Stadt war sicher hinreichend befestigt, ein Tor wird ausdrücklich erwähnt (18^{4}). Über den ismaelitischen Vater des Amasa ^{25} wird im hebräischen Text gesagt, daß er einmal zu Abigal, einer Schwester Davids (1 Chr $2^{16.17}$), »gekommen« sei. Er war demnach mit ihr gar nicht verheiratet (vgl. Ex 22^{16}) oder führte eine »Besuchsehe« (vgl. Ri 15^{1}). Der Erzähler wollte wahrscheinlich mit diesem Hinweis auf die seltsame Beziehung der Eltern Amasas das Ansehen des gegnerischen Heerführers herabsetzen.

17^{27-29} König Nahasch unterhielt einst gute Beziehungen zu David (10^{2}). Sollte der Aufstand Abschaloms noch zu Zeiten dieses Herr-

[27] Als nun David nach Mahanajim gekommen war, brachten ihm
Schobi, der Sohn des Nahasch aus der Ammoniterstadt Rabba, und 10[2]
Machir, der Sohn Ammiëls aus Lo-Dabar, sowie der Gileaditer Barsil- 9[4]
lai aus Roglim [28] Matten und Decken, irdene Gefäße, Weizen, Gerste, 19[32] 1 Kön 2[7]
Mehl und geröstetes Korn, Bohnen und Linsen [und geröstetes Korn];
[29] außerdem brachten sie David und seinen Leuten Honig und Butter, 16[1.2]
Schafe und Käse als Nahrung. Denn sie sagten: Das Volk in der 16[14] 17[2]
Steppe ist hungrig, durstig und erschöpft.
18[1] Dann musterte David die Leute, die bei ihm waren, und setzte An- 24[1.2]
führer ein über die einzelnen Tausendschaften und Hundertschaften. [2] 1 Sam 22[7]
Dann ließ er seine Leute ausrücken, ein Drittel (von ihnen) unter Joab,
ein Drittel unter Abischai, dem Sohn der Zeruja und Bruder Joabs, und 10[9–11]
ein Drittel unter dem Gatiter Ittai. Der König sagte zu seinen Leuten: 15[19–22]
Auch ich will mit euch in den Kampf ziehen. [3] Doch sie erwiderten: Du
sollst nicht mit uns in den Kampf ziehen; denn wenn wir fliehen, wird 1 Kön 22[31–33]
man sich um uns nicht kümmern; und wenn die Hälfte von uns stirbt,
wird man sich um uns nicht kümmern. Doch du giltst so viel wie zehn- 21[17]
tausend von uns, und außerdem wäre es besser, wenn du uns von der
Stadt aus zu Hilfe kommen könntest. [4] Der König antwortete ihnen:
Ich will tun, was ihr für richtig haltet. Darauf stellte sich der König ne-
ben das Tor (der Stadt), und die Leute zogen nach Hundertschaften
und Tausendschaften geordnet hinaus. [5] Und der König befahl Joab,
Abischai und Ittai: Geht mir mit dem Jungen, mit Abschalom, scho- 14[21]

17[27] Brachten: mit G, S und Vg aus 17[28] eingefügt.

schers stattgefunden haben? Oder hat sich der Sohn Schobi von der feindseligen Haltung seines regierenden Bruders Hanun (10[1.4.5]) distanziert? Es fällt auf, daß Machir, der Sohn des Ammiël aus Lo-Dabar, dem bedrängten David Gaben bringt. Immerhin hat der gleiche Machir den letzten Sauliden beherbergt (9[4]). Barsillais Spende führt dazu, daß David nach dem Aufstand den alten Herrn nach Jerusalem einlädt (19[32–41]). Die Schilderung [27–29] ist insofern glaubwürdig, als David absichtlich ins Ostjordanland ausgewichen war, weil er dort auf Anhänger zählen konnte.

18[1–5] Die Aufteilung des Heeres in drei Abteilungen [2] entsprach einer bekannten Strategie (Ri 7[16] 9[43] 1 Sam 11[11] 13[17.18]). Daß David selbst nicht am Kampf gegen Abschalom teilgenommen hat, ist kaum zu bezweifeln (vgl. [19–32]). Eine andere Frage ist, ob er schon in der alten Überlieferung den Wunsch geäußert hat, am Kampf teilzunehmen [2b]. Welcher der drei Abteilungen hätte er sich anschließen wollen? Mit welchen Kräften hätte er seinen Leuten »von der Stadt aus zu Hilfe kommen« können [3]? Vermutlich hat ein jüngerer Erzähler die Unterredung [2b–4a] geschaffen, um David zu rechtfertigen, der nicht das erste Mal seine Männer allein kämpfen ließ (11[1b]). Er konnte die Männer Davids sagen lassen, wie sehr sie ihren König schätzten [3]. Der Befehl Davids am Tor von Mahanajim, mit Abschalom schonend umzugehen [5], gehörte schon zur alten Überliefe-

nend um! Alle Leute hörten, wie der König seinen Anführern wegen Abschalom diese Anweisung gab.

Abschaloms Tod: 18^{6-32}

[6] Die Leute zogen ins Feld, den Israeliten entgegen, und im Wald
Efraim kam es zur Schlacht. [7] Die Israeliten wurden von den Leuten
2^{17} Davids geschlagen und erlitten eine schwere Niederlage; an jenem Tag
fielen zwanzigtausend von ihnen. [8] Der Kampf breitete sich über die
ganze dortige Gegend aus, und der Wald verschlang an jenem Tag
13^{29} mehr Krieger als das Schwert. [9] Plötzlich kam Abschalom in das Blick-
feld der Krieger Davids; er ritt auf einem Maultier. Als das Maultier
unter den Ästen einer großen Eiche hindurchlief, blieb Abschalom mit
14^{26} dem Kopf fest an der Eiche hängen, so daß er zwischen Himmel und
Erde schwebte und das Maultier unter ihm weglief. [10] Jemand sah es
und meldete Joab: Ich habe gerade Abschalom an einer Eiche hängen
sehen. [11] Joab sagte zu dem Mann, der ihm das meldete: Wenn du es
gesehen hast, warum hast du ihn nicht sofort an Ort und Stelle nieder-
Mt 26^{15} gestoßen? Ich hätte dir dann gern zehn Silberstücke und einen Gürtel
gegeben. [12] Der Mann antwortete Joab: Auch wenn ich tausend Silber-
stücke auf die Hand ausgezahlt erhielte, würde ich meine Hand nicht
gegen den Sohn des Königs erheben; denn der König hat dir, Abischai

18^{12} Gebt mir ... acht: Korrektur nach G, S, Vg und T. M bietet »wer« statt »mir«.

rung: David war bereits in den Augen des ersten Erzählers frei von jeder Schuld am Tod seines Sohnes. Es wird uns ein Bild Davids vor Augen gestellt, das bereits der ntl Ethik entspricht: David wollte nicht Böses mit Bösem vergelten (Röm 12^{17}) und gab ein Beispiel echter Feindesliebe (Mt 5^{43-48}).

18^{6-32} Die Niederlage der Israeliten wird relativ knapp geschildert [6–8]. Wesentlich mehr Zeit nimmt man sich für die näheren Umstände des Todes Abschaloms [9–18] und für die Benachrichtigung Davids [19–32].

Der Erzähler versteht es, uns zu fesseln. Die rücksichtslose Rede Joabs [11] bildet einen wirksamen Kontrast zu der Vorsicht, um die David gebeten hat [5]. Joab wird durch die Worte dessen, der Abschalom gefunden hat, noch einmal eindringlich gewarnt [12.13], läßt sich aber von seinem Vorhaben nicht abbringen. Nach der Tat überläßt man es dem Hörer oder Leser zu erraten, warum Joab nicht Ahimaaz als Boten einsetzen möchte und dafür lieber den fremden Kuschiter auswählt [19–23]. Der Hörer oder Leser, der schon weiß, was geschehen ist, verfolgt gespannt, wie David anfänglich noch auf gute Nachrichten hofft, dann aber nach der Siegesmeldung die bittere Wahrheit erfährt [24–32].

Eine Unebenheit fällt auf: War es nötig, daß die Waffenträger Abschalom noch töteten [15], nachdem ihm Joab schon drei Spieße ins Herz gestoßen hatte [14]? Wozu umringten die zehn Waffenträger den Rebellen, als

und Ittai vor unseren Ohren befohlen: Gebt mir auf den Jungen, auf
Abschalom, acht! [13] Hätte ich heimtückisch gehandelt und ihm etwas
getan – dem König bleibt ohnehin nichts verborgen –, dann würdest du
dich (aus der Sache) heraushalten. [14] Joab erwiderte: Ich kann mich
nicht noch länger mit dir aufhalten. Und er nahm drei Spieße in die
Hand und stieß sie Abschalom, der noch lebend an der Eiche hing, ins
Herz. [15] Die zehn Waffenträger Joabs umringten Abschalom und
schlugen ihn tot. [16] Dann ließ Joab das Widderhorn blasen, und die 2^{28} 20^{22}
Krieger hörten auf, die Israeliten zu verfolgen, weil Joab ihnen Einhalt
gebot. [17] Sie nahmen Abschalom und warfen ihn im Wald in eine tiefe
Grube und errichteten über ihm einen riesigen Steinhaufen. Alle Israe- Jos 7^{26} 8^{29}
liten aber flohen, jeder in sein Zelt. – [18] Abschalom hatte sich schon zu
Lebzeiten den Gedenkstein, der jetzt im Königstal steht, herbeischaf- 1 Sam 15^{12}
fen und für sich aufstellen lassen; denn er sagte sich: Ich habe keinen 14^{27}
Sohn, der meinen Namen im Gedächtnis (der Menschen) halten
würde. Er benannte den Stein nach seinem Namen; deshalb heißt er bis
zum heutigen Tag »Abschaloms Hand«. [19] Ahimaaz, der Sohn Zadoks, 15^{36}

dieser schon Joab in die Hände gefallen war? Man kann natürlich fragen, ob Joab wirklich Spieße gebrauchte oder ob es nur Stöcke *(šᵉbāṭīm)* waren. Es läßt sich aber nicht leugnen, daß Joab den am Baum hängenden Abschalom nicht schonte, sondern attackierte. Er wird auch in der vorangehenden Unterredung $^{10-13}$ als ein Mann charakterisiert, der sich bedenkenlos über Davids Anordnung ^{5} hinwegsetzte. Es kann sein, daß ein jüngerer Erzähler Joabs Schuld unterstreichen wollte und darum die Unterredung Joabs mit dem Soldaten $^{10-14a}$ sowie die Ermordung Abschaloms durch Joab ^{14b} einschob. Die alte Erzählung hätte dann die Waffenträger Joabs für die Tat verantwortlich gemacht $^{9.15}$. Für diese These spricht, daß Joab im nachfolgenden, älteren Kontext (^{32} und 19^{6-8}) nicht beschuldigt wird, Abschalom getötet zu haben. $^{6-8}$ Der Wald Efraim wird in der Nähe der Stadt Mahanajim – also im Ostjordanland – gelegen haben. In dem unwegsamen Gelände waren die Berufskrieger Davids dem israelitischen Aufgebot überlegen. $^{9-18}$ Daß Abschalom wegen seines Haarschopfes (14^{26}) in der Eiche hängen geblieben sei, erzählt erst Josephus (Ant VII 239). Der jüngere Erzähler hebt nicht nur hervor, daß Joab die Absicht Davids mißachtete ^{11}, sondern betont auch zu Recht, daß Joab einen einfachen Israeliten nach der Tötung Abschaloms nicht gegenüber dem König verteidigt hätte ^{12}. Abschalom wird offenbar in ein bekanntes Massengrab geworfen ^{17}, denn die tiefe Grube ist im Hebräischen mit einem Artikel versehen. Abschalom hat sich ganz umsonst einen Gedenkstein errichten lassen ^{18}. Im Gegensatz zum hier zitierten Ausspruch hatte Abschalom nach 14^{27} drei Söhne. Sollten sie alle im Kindesalter gestorben sein? Wir müssen beachten, daß in 14^{25-27} das Lob Abschaloms gesungen wird, während hier vom schändlichen Ende eines Rebellen die Rede ist. Eine gewisse Differenz zwischen den Überlieferungen (2 Sam 13.14 und 15–19) ist nicht zu übersehen.

$^{19-23}$ Der junge Ahimaaz ahnt noch nicht, wie die Nachricht von einem Sieg über Abschalom und Israel auf

sagte: Ich will zum König eilen und ihm die freudige Nachricht brin-
gen, daß der Herr ihm Recht gegenüber seinen Feinden verschafft hat.
1^{4} 4^{10} 20 Joab sagte zu ihm: Du würdest heute kein Freudenbote sein. An ei-
nem anderen Tag kannst du eine gute Nachricht überbringen; heute
würdest du nichts Erfreuliches melden; denn der Sohn des Königs ist
Jer 38^{7-13} tot. 21 Und Joab befahl einem Kuschiter: Geh, melde dem König, was
du gesehen hast. Der Kuschiter warf sich vor Joab nieder, dann eilte er
davon. 22 Ahimaaz, der Sohn Zadoks, sagte noch einmal zu Joab: Mag
kommen, was will, ich möchte auch hineilen, hinter dem Kuschiter
$1^{15.16}$ 4^{9-12} her. Joab antwortete: Warum willst du denn hinlaufen, mein Sohn? Du
bekommst keinen Botenlohn. 23 Doch Ahimaaz sagte: Mag kommen,
was will; ich laufe hin. Joab erwiderte: Dann lauf! Ahimaaz lief los,
nahm den Weg durch die Jordansenke und überholte den Kuschiter. 24
2 Kön 9^{17-20} David saß zwischen den beiden Toren. Der Späher aber war auf das
13^{34} Dach des Tores, auf die Mauer, gestiegen; und als er Ausschau hielt,
sah er einen einzelnen Mann herbeilaufen. 25 Der Späher rief dem Kö-
nig die Meldung zu. Der König sagte: Wenn er allein ist, dann bringt
er eine gute Nachricht. Während der Mann herankam, 26 sah der Spä-
her noch einen anderen herbeieilen und rief zum Tor hinab: Da läuft

18^{23} Doch Ahimaaz sagte: Mit G, S, Vg ist eine kurze Redeeinleitung – »er sagte« – einzufügen.

18^{26} Zum Tor hinab: Vokalisation *(hašša῾ar)* nach G. In M ruft der Späher dem »Torwächter« *(haššō῾ēr)* etwas zu.

David wirken wird. Joab weiß nur zu gut, daß der Tod Abschaloms den König schmerzen wird; er möchte deshalb dem Sohn des Zadok das Schicksal jener ersparen, die sich für Freudenboten hielten (1^{15-16} 4^{9-12}). Darum beauftragt er einen Kuschiter, dessen Schicksal ihm gleichgültiger ist. Ahimaaz läßt sich aber von seiner Absicht nicht abbringen, den König zu benachrichtigen [22]. Der Erzähler erhöht damit die Spannung: Wie wird es dem Sohn des Zadok ergehen, wenn er David die vermeintlich frohe Botschaft bringen wird? Diese Frage bekommt noch größere Brisanz, nachdem Ahimaaz den Kuschiter überholt hat [23].

[24–32] Der Erzähler wendet sich David zu, der sich ungeduldig von einem Späher unterrichten läßt (vgl. 2 Kön 9^{17}). Da er gute Nachrichten erwartet, sieht er in jeder Bemerkung des Beobachters ein gutes Omen. Die Tatsache, daß Ahimaaz als erster kommt, spricht in der Tat für einen guten Ausgang [19–20]. Ahimaaz beschränkt sich aber darauf, von einem Sieg zu sprechen und dabei Gott zu preisen. Auf die Frage nach Abschalom antwortet er ausweichend. Das Schicksal des Königssohnes war ihm durchaus bekannt [20]. Auch der Kuschiter beginnt mit der guten Nachricht, verschweigt aber auf Davids Rückfrage nicht, was mit Abschalom geschehen ist. Er gebraucht dabei eine Wendung, die in ähnlicher Form am Ende des Debora-Liedes (Ri 5^{31}) verwendet ist. Damit hat die Erzählung ihren Höhepunkt erreicht: Wie wird David die furchtbare Nachricht aufnehmen? Wie wird er reagieren?

noch ein einzelner Mann herbei. Der König sagte: Auch er bringt eine
gute Nachricht. [27] Darauf sagte der Späher: Ich sehe, der erste läuft in
der Art des Ahimaaz, des Sohnes Zadoks. Und der König sagte: Das
ist ein guter Mann, er kommt mit einer guten Nachricht. [28] Ahimaaz
rief dem König den Friedensgruß zu, warf sich vor ihm mit dem Ge- 14[4]
sicht zur Erde nieder und sagte: Gepriesen sei der Herr, dein Gott, der 1 Sam 25[39]
(dir) die Männer ausgeliefert hat, die ihre Hand gegen meinen Herrn,
den König, erhoben haben. [29] Der König fragte: Geht es dem Jungen, 11[7]
Abschalom, gut? Ahimaaz antwortete: Ich sah ein großes Getümmel,
als Joab den Knecht des Königs, deinen Knecht, wegschickte; darum
weiß ich nicht, was da geschah. [30] Der König befahl: Tritt zur Seite,
und stell dich hierher! Ahimaaz trat zur Seite und blieb dort stehen. [31]
Da kam auch der Kuschiter und sagte: Mein Herr, der König, lasse
sich die gute Nachricht bringen, daß der Herr dir heute Recht ver-
schafft hat gegenüber allen, die sich gegen dich erhoben hatten. [32] Der
König fragte den Kuschiter: Geht es dem Jungen, Abschalom, gut?
Der Kuschiter antwortete: Wie dem jungen Mann möge es allen Fein-
den meines Herrn, des Königs, ergehen, allen, die sich in böser Absicht
gegen dich erhoben haben.

Davids Klage um Abschalom: 19[1–9a]

19[1] Da zuckte der König zusammen, stieg in den oberen Raum des To-
res hinauf und weinte. Während er hinaufging, rief er (immer wieder): 1[26]

Ahimaaz und der Kuschiter stimmen darin überein, daß sie den Herrn, den Gott Israels, als den eigentlichen Sieger bezeichnen, der die Rebellion niedergeschlagen und David Recht verschafft hat [28–31]. Der Erzähler ist offenbar der gleichen Überzeugung. Er ist sich aber auch dessen bewußt, daß David und sein Volk Israel mit dem Tod Abschaloms viel verloren haben.

19[1–9a] Die haltlose Klage des Königs über den Verlust seines Sohnes Abschalom verwandelt die Freude über den Sieg in tiefe Trauer [1.3–5]. Dem tritt Joab beherzt entgegen; er bringt den König dazu, sich denen zu zeigen, die für ihn gekämpft und ihr Leben riskiert haben [2.6–9].

Joab spielt in dieser Szene deutlich erkennbar eine positive Rolle. So verständlich der Schmerz Davids über seinen Sohn war, so berechtigt war die Sorge Joabs, daß das Verhalten des Königs zur Auflösung des Heeres und des gesamten Reiches führen konnte [6–8]. David nahm die heftige Kritik Joabs auch ohne Widerspruch hin und folgte der Aufforderung seines Heerführers [9]. Wir hören nichts darüber, daß der König Joab Vorwürfe machte, am Tod Abschaloms schuld zu sein (18[10–14]). Der Grund dafür ist wohl darin zu suchen, daß wir es in [1–9] mit der älteren Gestalt der Geschichte des Aufstandes zu tun haben, die Joab noch nicht unmittelbar für den Tod Abschaloms verantwortlich machte (vgl. 18[9.15]).

[1] David zog sich in seinem ohnmächtigen Schmerz zurück. Er vergaß, daß er König war und klagte nur

Mein Sohn Abschalom, mein Sohn, mein Sohn Abschalom! Wäre ich
doch an deiner Stelle gestorben, Abschalom, mein Sohn, mein Sohn! [2]
Man meldete Joab: Der König weint und trauert um Abschalom. [3] So
wurde der Tag der Rettung für das ganze Volk zu einem Trauertag;
denn die Leute hörten an diesem Tag: Der König ist voll Schmerz we-
gen seines Sohnes. [4] Die Leute schlichen sich an jenem Tag in die Stadt,
wie sich Leute davonschleichen, die Schande auf sich geladen haben,
weil sie im Kampf geflohen sind. [5] Der König aber hatte sein Gesicht
15^{30} verhüllt und rief laut: Mein Sohn Abschalom! Abschalom, mein Sohn,
mein Sohn! [6] Da ging Joab zum König ins Haus hinein und sagte: Du
hast heute alle deine Diener offen beschimpft, die dir, deinen Söhnen
und Töchtern, deinen Frauen und Nebenfrauen das Leben gerettet ha-
ben. [7] Du zeigst ja denen deine Liebe, die dich hassen, und deinen Haß
denen, die dich lieben; denn du gabst uns heute zu verstehen, daß dir
die Anführer und die Krieger nichts bedeuten. Jetzt weiß ich, daß es in
deinen Augen ganz richtig wäre, wenn Abschalom noch am Leben
wäre, wir alle aber heute gestorben wären. [8] Doch nun steh auf, geh
hinaus, und sag deinen Leuten einige anerkennende Worte! Denn ich
schwöre dir beim Herrn: Wenn du nicht (zu ihnen) hinausgehst, dann
wird bis zur kommenden Nacht keiner mehr bei dir sein, und das wird
für dich schlimmer sein als alles Unheil, das dir von deiner Jugend an
bis jetzt zugestoßen ist. [9] Da stand der König auf und setzte sich in das
15^{2} Tor. Und im Volk wurde bekannt: Der König sitzt im Tor. Da kamen
alle Leute zum König.

noch als Vater. Dabei wiederholte er regelmäßig den Namen seines Sohnes und die Worte »mein Sohn, mein Sohn« [1.5]. Die Atmosphäre der Trauer griff um sich und erfaßte auch die Soldaten, die sich in die Stadt Mahanajim zurückschlichen [4], statt als Sieger begrüßt zu werden (vgl. 1 Sam 18^{7}). In dieser Situation erwies sich Joab als ein entschlossener und beherzter Mann, auch wenn er vielleicht in seinem offenen Wort gegenüber David etwas zu weit ging. Hätte Abschalom wirklich die ganze Familie Davids ausgerottet [6]? Spätere Usurpatoren haben zwar die Angehörigen des bisherigen Herrscherhauses getötet (1 Kön $15^{28.29}$ $16^{11.12}$ 2 Kön 10^{6-9}), aber das war nicht ihre eigene Sippe. In Joabs Augen hat David Liebe und Haß auf den Kopf gestellt [7]. Diesem Urteil muß sich der Erzähler nicht anschließen: David liebte seinen Sohn. Daß er seine Soldaten gehaßt habe, ist übertrieben. Aber Joab schätzte die psychologische Situation nicht falsch ein [8]: Wenn David seinen Männern jetzt nicht »zu Herzen redete«, dann konnte ihre Treue leicht dahinschwinden. Von einer Siegesfeier kann man nicht sprechen, David überwand jedoch seinen unbändigen Schmerz und setzte sich ans Tor der Stadt, so daß ihn zumindest jedermann sehen konnte [9].

19^{9b-44} Nachdem der Aufstand zusammengebrochen ist [9b], geht es darum, ob die Judäer und die Nordisraeliten bereit sind, David entgegenzukommen und ihn wieder als König zu akzeptieren. Als sich im Norden die Stimmen mehren, die den König zurückholen wollen [10–12a], legt

Davids Rückkehr nach Jerusalem: 19[9b–44]

Nachdem die Israeliten geflohen und in ihre Zelte zurückgekehrt wa-
ren, [10] stritten sich alle Leute in allen Stämmen Israels und sagten: Der
König hat uns aus der Gewalt unserer Feinde befreit, er hat uns aus der 5[17–25] 8[1]
Gewalt der Philister gerettet, und jetzt hat er vor Abschalom aus dem 21[15–21]
Land fliehen müssen. [11] Abschalom aber, den wir zu unserem König
gesalbt haben, ist im Kampf gefallen. Warum zögert ihr jetzt, den Kö-
nig zurückzuholen? [12] So redete man in ganz Israel. Und die Nachricht
davon drang bis zum König vor [in sein Haus]. Da schickte König Da-
vid (einen Boten) zu den Priestern Zadok und Abjatar und ließ ihnen
sagen: Sagt zu den Ältesten Judas: Warum wollt ihr die letzten sein,
die den König in sein Haus zurückholen? [13] Ihr seid meine Brüder, ihr 5[1] Gen 2[23]
seid mein Fleisch und Bein. Warum wollt ihr die letzten sein, die den

19[12] Daß die Nachricht bis zum König drang, hat die EÜ mit G und Vg vorgezogen. In H steht der Satz am Ende von [12].

David großen Wert darauf, daß die Judäer ihnen zuvorkommen; das ist aber ohne gewisse Zugeständnisse nicht möglich [12b–15]. David zieht mit seinen Männern bis an den Jordan, die Judäer begeben sich nach Gilgal [16]. Am Jordan kommen Schimi [17–24] (vgl. 16[5–13]) und Merib-Baal [25–31] (vgl. 9[1–13] 16[1–4]) dem König entgegen, der greise Barsillai [32–41] (17[27–29]) begleitet ihn bis an den Fluß. Als David schon den Jordan überschritten hat, erscheinen – etwas verspätet – die Israeliten und disputieren mit den Judäern, wer dem König näherstehe [42–44].

Am Anfang [10–12a] und am Ende [42–44] streitet man sich über oder um den König. In den übrigen Szenen spielt David eine aktive Rolle. Er bemüht sich mit Erfolg um das Wohlwollen der Judäer [12b–15]. Er bietet dem greisen Barsillai eine reiche Vergeltung für dessen Hilfe in Mahanajim an [32–40]. Davids Verhältnis gegenüber Schimi [17–24] und Merib-Baal [25–31] hat einen etwas anderen Charakter. Sie bitten ihn, nicht er sie. Denn sie haben sich während des Aufstandes entweder feindselig oder zumindest zwiespältig verhalten.

Eine beachtliche Rolle spielt der Gegensatz zwischen den Israeliten im Norden und den Judäern im Süden, der sich bis zu einer heftigen Auseinandersetzung steigert [42–44]. David ist daran interessiert, zuerst von den Judäern heimgeholt zu werden [12b–13]. Der Erzähler erweckt den Eindruck, daß der Wunsch des Königs auch in Erfüllung geht und daß zunächst nur Judäer an den Jordan eilen [15–16]. Aus diesem Rahmen fallen aber die Begegnungen mit Schimi, Merib-Baal und Barsillai heraus. Denn alle drei sind Benjaminiter und Gileaditer – also Israeliten, keine Judäer. Es waren Leute aus Benjamin, die die Familie des Königs über den Jordan gebracht haben [18–19]. Erst gegen Ende des Abschnitts wird behauptet, daß Judäer dem König geholfen haben [42]. Die heute vorliegende Erzählung stimmt also nicht mit einer älteren Tradition überein, die noch zu erkennen ist. Ursprünglich hat man lediglich von der Begegnung Davids mit den Benjaminitern samt Ziba, Schimi

17^{25} König zurückholen? [14] Und zu Amasa sollt ihr sagen: Bist du nicht
Gen 29^{14} mein Fleisch und Bein? Gott soll mir dies und das antun, wenn du nicht
bei mir für alle Zeit anstelle Joabs der Befehlshaber des Heeres sein
15^{6} wirst. [15] So machte David sich das Herz aller Männer in Juda geneigt,
so daß sie wie ein Mann zu ihm hielten. Sie sandten dem König die
Aufforderung: Kehr zurück, du selbst und alle deine Diener! [16] Da
machte sich der König auf den Rückweg und kam an den Jordan, die
Judäer aber, die dem König entgegengezogen waren, um ihn über den
Jordan zu geleiten, waren bis nach Gilgal gekommen.
16^{5-12} [17] Auch der Benjaminiter Schimi aus Bahurim, der Sohn Geras, eilte
1 Kön 2^{8} herbei und zog mit den Männern von Juda dem König David entge-
16^{1-4} gen. [18] Bei ihm waren tausend Mann aus Benjamin, darunter Ziba, der
Diener des Hauses Saul, mit seinen fünfzehn Söhnen und seinen zwan-
zig Knechten. Sie waren schon vor dem König an den Jordan gelangt
[19] und durchschritten die Furt, um die Familie des Königs hinüberzuge-
leiten und alles zu tun, was dem König gut erschien. Als der König ge-
rade den Jordan überschreiten wollte, fiel Schimi, der Sohn Geras, vor

19^{19} Und durchschritten: Korrektur nach S, Vg und T. M: »sie durchschritt«.

und Merib-Baal sowie vom Abschied von Barsillai erzählt [17–41]. Der Gegensatz zwischen den Israeliten und Judäern ist erst später hinzugekommen [42–44]. Dabei hat der jüngere Erzähler das besondere Interesse Davids an seinem Stamm Juda hervorgehoben [10–16]. Die Rede der Israeliten von den zehn Anteilen am König könnte dadurch bedingt sein, daß der Erzähler bereits ein Nordreich Israel mit zehn Stämmen kennt, das von Juda getrennt ist (1 Kön 11^{29-31}).

[9b–16] Der Erzähler nimmt zunächst noch einmal auf, daß »jeder in sein Zelt geflohen ist« [9b] (18^{17}, vgl. 1 Sam 4^{10} 13^{2}), daß sich also das Aufgebot Israels aufgelöst hat. Der Streit um David [10.11] wird höchst einseitig referiert; wir vernehmen nur die Argumente derer, die David von neuem als König akzeptieren wollen. – In Juda regt sich noch niemand, um den König zu bitten zurückzukehren. Der Erzähler gibt damit zu, daß David in Juda nicht besonders beliebt war. Der König wendet sich darum an seine Vertrauten in Jerusalem, die ihn auch in den Tagen der Revolte unterstützt haben und die als Priester über eine gewisse Autorität verfügen [12]. Er beruft sich dabei auf seine judäische Herkunft und gebraucht die »Verwandtschaftsformel« [13] (vgl. 5^{1} Gen 2^{23} 29^{14} Ri 9^{2}). Er geht auf die Wünsche der Judäer ein, wenn er Amasa (17^{25}) zum neuen Heerführer bestellt ($20^{4.5}$) und sich dabei von Joab trennt, der Abner auf dem Gewissen hat und offenbar zu mächtig geworden ist [14]. Diese Bedingungen sagen den Ältesten zu. Sie kommen ihm entgegen.

[17–24] Schimi stammt als Benjaminiter aus dem Haus Josef. Die Empörung Abischais über das frühere Verhalten Schimis (17^{5-13}) ist grundsätzlich berechtigt. Denn in Israel war es streng untersagt, Gott oder den Fürsten zu verfluchen (Ex 22^{27} 1 Kön 21^{10}). Aber Davids Neffe (1 Chr 2^{16}) übersieht die politischen Möglichkeiten Davids; er kann sich nicht gegen Schimi und dessen zahlreiche Anhän-

ihm nieder [20] und sagte zu ihm: Mein Herr möge mir meine Schuld
nicht anrechnen; mögest du nicht an das denken, was dein Knecht sich
an dem Tag zuschulden kommen ließ, als mein Herr, der König, Jeru-
salem verließ; der König nehme es sich nicht so zu Herzen; [21] denn 13[33]
dein Knecht weiß, daß er gesündigt hat. Sieh her, ich bin heute als er-
ster vom ganzen Haus Josef hergekommen, um meinem Herrn, dem
König, entgegenzugehen. [22] Da fragte Abischai, der Sohn der Zeruja:
Müßte nicht Schimi dafür mit dem Tod bestraft werden, daß er den Ex 22[27]
Gesalbten des Herrn verflucht hat? [23] David aber sagte: Was habe ich 16[10]
mit euch zu schaffen, ihr Söhne der Zeruja? Warum benehmt ihr euch
plötzlich wie Feinde von mir? Soll heute jemand in Israel getötet wer-
den, wo ich doch weiß, daß ich ab heute wieder König von Israel bin? 1 Sam 11[13]
[24] Und der König sagte zu Schimi: Du sollst nicht sterben. Der König 1 Kön 2[8.9.36–46]
bekräftigte es ihm mit einem Schwur.
[25] Auch Merib-Baal, der Sohn Sauls, kam dem König entgegen. Er 9[1–13]
hatte seine Füße und seinen Bart nicht mehr gepflegt und seine Kleider 16[1–4]
nicht gewaschen seit dem Tag, an dem der König weggegangen war,
bis zu dem Tag, an dem er wohlbehalten zurückkam. [26] Als er von Jeru-
salem aus dem König entgegenkam, fragte ihn der König: Warum bist
du damals nicht mit mir weggegangen, Merib-Baal? [27] Er antwortete: 16[17]
Mein Herr und König, mein Diener hat mich hintergangen. Dein
Knecht sagte zu ihm: Ich will mir die Eselin satteln und mit dem König
zusammen wegreiten; dein Knecht ist ja lahm. [28] Man hat deinen
Knecht bei meinem Herrn, dem König, verleumdet. Aber mein Herr,
der König, ist wie der Engel Gottes; darum tu, was dir gefällt. [29] Ob- 9[7.9–11]

19[26] Aus Jerusalem: Korrektur nach wenigen griechischen Hss (vgl. 9[10.11]). M, G und S: nach Jerusalem.

ger stellen. Darum distanziert er sich erneut schroff von Abischai [23] (16[10] und 1 Sam 26[8.9]). Der Tag, an dem David wieder König geworden ist, soll nicht zum Tag der Rache werden (vgl. 1 Sam 11[12.13]). Die Zusicherung, daß Schimi nicht bestraft werde [24], galt unbegrenzt. Die Rücknahme der Zusage auf dem Sterbebett (1 Kön 2[8.9]) gehört einer literarischen Schicht an, die Salomos Grausamkeit (1 Kön 2[36–46]) zu rechtfertigen versucht.

[25–31] Nachdem Ziba David auf der Flucht unterstützt hat (16[1–4]), sind die kritischen Fragen Davids gegenüber Merib-Baal mehr als verständlich [26]. Aber Merib-Baal kann auf seine Lähmung verweisen, die ihn daran gehindert hat, mit David die Stadt zu verlassen [27]. Er beansprucht weder einen Platz am Tisch des Königs [29] noch seinen ehemaligen Besitz [31]. Er versteht es sogar, dem König zu schmeicheln, indem er diesen mit dem Engel Gottes vergleicht [28] (vgl. 14[17]). Verdient Merib-Baal Vertrauen? Der Erzähler verrät uns, daß Merib-Baal seit dem ersten Tag des Aufstandes seinen Kummer offen demonstriert hat [25]. Also ist er von der Redlichkeit des Merib-Baal überzeugt. David bleibt offenbar skeptisch, wie aus seiner mürrischen Re-

wohl das ganze Haus meines Vaters von meinem Herrn, dem König,
nichts anderes als den Tod zu erwarten hatte, hast du deinen Knecht
unter die aufgenommen, die an deinem Tisch essen. Was habe ich
noch für ein Recht, den König weiterhin anzurufen? [30] Der König ant-
wortete ihm: Warum machst du so (viele) Worte? Ich habe bestimmt:
Du und Ziba, ihr sollt euch das Land teilen. [31] Darauf sagte Merib-
Baal: Er kann auch das ganze nehmen, nachdem mein Herr, der
König, wohlbehalten in sein Haus zurückgekehrt ist.
17[27] [32] Der Gileaditer Barsillai war aus Roglim herabgekommen und mit
dem König an den Jordan gezogen, um ihn am Jordan zu verabschie-
den. [33] Barsillai war sehr alt, ein Mann von achtzig Jahren. Er hatte den
König versorgt, als dieser sich in Mahanajim aufhielt; er war nämlich
sehr reich. [34] Der König sagte zu Barsillai: Zieh mit mir hinüber, ich
will für dich bei mir in Jerusalem sorgen. [35] Doch Barsillai antwortete
dem König: Wie viele Jahre habe ich denn noch zu leben, daß ich mit
Ps 90[10] dem König nach Jerusalem hinaufziehen sollte? [36] Ich bin jetzt achtzig
Jahre alt. Kann ich denn noch Gutes und Böses unterscheiden? Kann
dein Knecht noch Geschmack finden an dem, was er ißt und trinkt?
Koh 12[4] Höre ich denn noch die Stimme der Sänger und Sängerinnen? Warum
soll denn dein Knecht noch meinem Herrn, dem König, zur Last fal-
15[33] len? [37] Nur eine kleine Strecke wollte dein Knecht den König zum Jor-
dan begleiten. Warum will sich der König bei mir in dieser Weise er-
kenntlich zeigen? [38] Dein Knecht möchte umkehren und in seiner Hei-
Jer 41[17] matstadt beim Grab seines Vaters und seiner Mutter sterben. Aber hier
ist dein Knecht Kimham; er mag mit meinem Herrn, dem König, hin-
1 Kön 2[7] überziehen. Tu für ihn, was dir gefällt. [39] Der König erwiderte: Kim-
ham soll mit mir hinüberziehen; ich werde für ihn tun, was du für gut
hältst. Alles aber, was du von mir begehrst, will ich für dich tun. [40] Dar-
auf zog das ganze Volk über den Jordan, und auch der König ging
hinüber. Der König küßte Barsillai und segnete ihn, und Barsillai
Jos 4[19] kehrte in seinen Heimatort zurück. [41] Der König aber zog weiter nach
Gilgal, und Kimham ging mit ihm. Das ganze Volk von Juda zog mit
dem König, dazu halb Israel.

aktion hervorgeht [30]. Er beläßt Ziba die Hälfte des zugesprochenen Besitzes, da dieser ihm in einem kritischen Augenblick beigestanden hat.

[32–41] Barsillai hat ein hohes Alter erreicht (Ps 90[10]). Seine Zunge und sein Gaumen haben nichts mehr vom guten Essen und Trinken am Königshof; seine Ohren können den Gesang nicht mehr hören (vgl. Koh 12[3.4]). Er vermag nicht mehr, Gut und Böse zu unterscheiden, und gleicht damit einem Kind (Dtn 1[39] Jes 7[15.16]). Er wünscht nur noch, in seiner Heimat zu leben und bei Vater und Mutter – letztere ist ausdrücklich erwähnt – begraben zu werden [36]. Davids Dankbarkeit soll der Sohn Kimham erfahren (vgl. 1 Kön 2[7]). Von David verabschiedet sich ein sympathischer Grandseigneur, der die Weisheit des Alters erlangt hat.

[42] Da kamen alle Israeliten zum König und sagten zu ihm: Warum ha-
ben unsere Brüder, die Männer von Juda, dich uns geraubt und den
König, seine Familie und alle seine Männer über den Jordan geführt? [43]
Alle Judäer antworteten den Israeliten: Weil der König uns näher
steht. Warum bist du darüber erzürnt? Haben wir denn ein Stück vom
König gegessen, oder ist er etwa von uns weggetragen worden? [44] Die
Israeliten antworteten den Judäern: Ich habe zehn Anteile am König, 1 Kön 11[29–31]
außerdem bin ich dir gegenüber der Erstgeborene. Warum hast du
mich also gering geachtet? War es nicht zuerst mein Wunsch, meinen
König zurückzuholen? Die Antwort der Judäer hierauf war noch
schärfer als die Rede der Israeliten.

[42–44] Die Rivalität zwischen Israel und Juda bricht in den Augen des jüngeren Erzählers auf, als die Judäer David schon über den Jordan gebracht haben (vgl. jedoch [18.19]). Die Judäer können sich auf ihre Nähe zu David, d. h. auf ihre Verwandtschaft mit David, berufen [43]. Doch die Israeliten des Nordens umfassen zehn Stämme (1 Kön 11[29–31]); Ruben ist der Erstgeborene, nicht Juda [44]. Der Streit läßt sich natürlich nicht durch ein solches Wortgefecht aus der Welt schaffen. Der Abschnitt in [42–44] bietet eine gute Überleitung zur Erzählung vom Aufstand des Scheba. Denn dort spielt der Gegensatz zwischen Israel und Juda ebenfalls eine Rolle (20[2]).

20[1–22] Dem Benjaminiter Scheba gelingt es, die Nordstämme zum Abfall von David zu bewegen [1–2a]. David ist also lediglich noch König des Rumpfstaates Juda [2b]; am Ende verfügt er nur über jene Söldner, die schon im Wald Efraim (18[6]) den Sieg errungen haben [6.7]. Amasa, der neue Heerführer, wird von Joab hinterhältig ermordet [8–13]. Scheba kann sich zwar nach Abel-Bet-Maacha retten, endet dort aber kläglich [14–22].

Die Erzählung erschließt sich uns besser, wenn wir auf die Rollen der handelnden Personen achten. Der Benjaminiter *Scheba* macht sich zum Sprecher jener Israeliten, die David als König ablehnen [1.2a]. Ihre Einstellung ist bislang nicht zu Wort gekommen (19[10.11]). Scheba hält es für geboten, daß jeder in seine Heimat zurückkehrt (1 Kön 12[16]).

Sind die *Israeliten* ihm gefolgt? Es sieht zunächst so aus [2]. Nur die Judäer haben demnach noch an Davids Herrschaft festgehalten. Mit der aktiven Unterstützung Schebas kann es aber nicht weit her gewesen sein. Denn der Rebell zog überall in Israel umher und fand schließlich nur in Abel-Bet-Maacha – hoch im Norden – Zuflucht [14]. Lediglich die Angehörigen der eigenen Sippe – die Bichriter – sind ihm gefolgt. Sie waren jedoch so wenige, daß sie nicht einmal verhindern konnten, daß man Scheba in der Stadt den Kopf abschlug [22].

Eine eindeutig positive Rolle spielt in Israel die *kluge Frau* von Abel-Bet-Maacha. Sie kann durch ihre geschickte Argumentation (vgl. 14[4–20]) Joab davon überzeugen, die Stadt nicht zu stürmen, sondern sich mit dem Kopf des Aufrührers zu begnügen [16–22]. Sie bietet »ein hervorragendes Beispiel dafür, wie noch in der Frühzeit der israelitischen Monarchie Frauen in die Politik und sogar in militärische Auseinandersetzungen eingreifen konnten« (S. Schroer).

Joab erweist sich vor Abel-Bet-Maacha als ein Heerführer, der der Klugheit der Frau gewachsen ist, auf ihre Vorstellungen eingeht (vgl. 2 Sam 14[1–3]) und unnötiges Blutvergießen vermeidet [14–22]. Am großen Stein von Gibeon beseitigt er jedoch Amasa [8–13] ebenso kaltblütig wie einst Abner am Tor von Hebron (3[27]). Spielt Joab hier nicht eine andere Rolle als vor der Stadt Abel-Bet-Maacha? Erweist er sich jetzt nicht als überaus grausam und rücksichtslos?

Damit ist zugleich die Frage nach der Rolle *Amasas* aufgeworfen. Er ist beim großen Stein von Gibeon das ahnungslose Opfer Joabs [8]. Sein Tod bewegt selbst die hartgesottenen Mitstreiter Joabs dazu, für einen Moment stehenzubleiben [11–13]. Zuvor ist es ihm nicht gelungen, seiner neuen Aufgabe (19[14]) gerecht zu werden und den Heerbann Judas innerhalb von drei Tagen zu versammeln [4.5]. Das wird als sein Versäumnis dargestellt.

Da Amasa nicht rechtzeitig zu David zurückkehrt, überträgt der König die Führung der Söldner *Abischai* – nicht Joab [6]. Joab folgt Abischai, nicht umgekehrt [7]. Doch unmittelbar nach der Ermordung Amasas nennt der Erzähler Joab vor Abischai [10]. Von da an führt Joab die Krieger Davids an [11.13], Abischai wird gar nicht mehr erwähnt. Hat Abischai seinem Bruder Joab (2[18]) die Strategie sogleich überlassen, nachdem der Heerführer Amasa tot war?

Wenn wir auf die Rollen achten, dann fällt manche Unstimmigkeit auf. Folgen die Israeliten Scheba [2], oder bleiben sie passiv [14]? Geht Joab schonend mit seinen Gegnern um [20.21], oder handelt er grausam [8–10]? Ist Amasa nur ein Opfer, oder hat er sich auch als unfähig erwiesen [4.5]? Stehen David am Ende nur die Berufssoldaten zur Verfügung [6.7], oder führt Joab doch den Heerbann an [22b]? Wenn wir auf diese Fragen Antworten suchen, dann müssen wir zwischen älteren und jüngeren Stadien der Erzählung unterscheiden.

Zur alten Tradition gehört wohl, daß Scheba die Hand gegen den König erhoben hat [21] (vgl. 1 Kön 11[26]), mit Angehörigen seiner Sippe durch Israel irrt, schließlich in Abel-Bet-Maacha Zuflucht findet [14], dann aber von der klugen Frau an Joab ausgeliefert wird [17–22a]. Joab handelt verantwortlich und bricht die Belagerung ab. Die Israeliten stehen noch nicht geschlossen auf seiten Schebas. Es sieht eher so aus, als sei der gesamte Heerbann Joab gefolgt und könne nach dem erfolgreichen Abschluß der Aktion wieder zu seinen Zelten zurückkehren [22b].

Die Ermordung Amasas [8–10] unterbricht die alte Überlieferung. Joab erweckt durch seinen Kuß den Eindruck, als wolle er eine alte Rivalität begraben (17[25]). Er täuscht Amasa so, wie er einst Abner überlistet hat (3[27]). Joab hat dabei leichtes Spiel, denn Amasa ist offenkundig bei Gibeon allein unterwegs. Ein zweiter, jüngerer Erzähler spricht also recht offen von der Schuld Joabs, der auch Abschalom bedenkenlos umgebracht hat (18[10–14]). Zur Kritik an Joab gehört vermutlich auch, daß David den Auftrag, Scheba zu verfolgen, Abischai erteilt [6.7]. Allerdings kann diese Erweiterung nicht die alte Überlieferung verdrängen, in der Joab Scheba verfolgt und dessen Ende herbeiführt.

David hat zuvor schon Amasa beauftragt, den Heerbann Judas zu versammeln [4]. Amasa hält aber die Frist nicht ein [5]. Der unvoreingenommene Hörer oder Leser vermutet, daß sich Amasa immer noch in Juda aufhält. Doch zu unserer Verwunderung trifft Joab seinen Rivalen wenig später beim großen Stein von Gibeon an [8], also auf einem Gebiet, das nicht zu Juda, sondern zu Benjamin gerechnet wird (Jos 18[25]). Diese Unstimmigkeit

Schebas Aufstand gegen David: 20[1–22]

20[1] Damals lebte ein niederträchtiger Mensch namens Scheba, ein 1 Sam 10[27]
Sohn des Bichri, ein Benjaminiter. Er ließ das Widderhorn blasen und
rief:

Welchen Anteil haben wir an David? 1 Kön 12[16]
Wir haben keinen Erbbesitz beim Sohn Isais.
In deine Zelte, Israel!

[2] Da verließen alle Israeliten Davids Gefolgschaft und folgten Scheba,
dem Sohn Bichris. Die Männer aus Juda aber hielten weiter zu ihrem
König, vom Jordan bis nach Jerusalem.
[3] Als David in sein Haus nach Jerusalem zurückkehrte, nahm der
König die zehn Nebenfrauen, die er zurückgelassen hatte, um das 12[11] 16[21f]
Haus zu bewachen, und ließ sie in Gewahrsam bringen. Er versorgte
sie, ging aber nicht mehr zu ihnen, und sie blieben bis zu ihrem Tod 6[23]
eingesperrt – schon zu Lebzeiten des Mannes im Witwenstand. [4] Der
König befahl Amasa: Ruf mir in drei Tagen die Männer Judas zusam- 17[25]
men; dann sei auch du selbst wieder hier! [5] Amasa ging, um die Judäer
zusammenzurufen. Aber er versäumte die Frist, die der König ihm ge-
setzt hatte. [6] Da sagte David zu Abischai: Nun wird uns Scheba, der 2[18] 23[18.19]
Sohn Bichris, gefährlicher als Abschalom. Nimm darum die Knechte
deines Herrn mit, und verfolg Scheba, damit er nicht die befestigten
Städte einnimmt und uns die Augen ausreißt. 1 Sam 11[2]

deutet an, daß der Auftrag an Amasa [4] und dessen Verspätung [5] noch etwas jünger als die Kritik am brutalen Verhalten Joabs ist. Vielleicht hat sich ein dritter Erzähler zum Ziel gesetzt, das Schicksal Amasas durch dessen saumseliges Verhalten zu erklären: »Wer zu spät kommt, den bestraft das Leben.« In jedem Fall geht dieser Erzähler davon aus, daß die Israeliten zu Scheba halten [2a] und Amasa nur noch den Heerbann Judas einberufen kann. Ihm kann sogar die Auflösung der Personalunion schon bekannt sein. Denn er schreibt Scheba jenen Ruf zu [1], den die Israeliten nach Salomos Tod in Sichem erheben (1 Kön 12[16]).

Der Hinweis auf das Schicksal der Nebenfrauen [3] unterbricht die ältere Erzählung ebenfalls und dürfte wie die vergleichbaren Angaben (15[16b] 16[21.22]) zu den jüngeren Erweiterungen gehören.

[1] Der Name *Scheba* bezieht sich entweder auf die vollkommene Zahl *sieben* oder auf einen *Schwur.* Er stellt die Kurzform eines Namens dar, der kein theophores Element enthält. Verwandt sind Namensbildungen wie *Elischeba* (Ex 6[23]) oder *Joscheba* (2 Kön 11[2]). Scheba gehörte wie Saul und Schimi (16[5–13] 19[17–24]) dem Stamm Benjamin an, der einmal die führenden Positionen innegehabt hatte (1 Sam 22[7.8]). Der judäische Erzähler kann in ihm allerdings nur einen nichtsnutzigen Mann *('îš bᵉlijja'al)* sehen. [4.5] David hält es für notwendig, auf die Söldner zurückzugreifen. David will durch seine schnelle Entscheidung verhindern, daß sich Scheba irgendwo festsetzen oder größeren Anhang gewinnen

8^{18} 15^{18} 7 Da zog Abischai mit Joab und den Keretern und Peletern und allen
Helden in den Kampf. Sie zogen von Jerusalem aus, um Scheba, den
Sohn Bichris, zu verfolgen.
8 Als sie bei dem großen Stein von Gibeon waren, war Amasa gerade
vor ihnen angekommen. Joab trug sein Gewand [seine Kleidung] und
darüber einen Gurt für das Schwert. Dieses hing so in einer Scheide an
seiner Hüfte, daß es herausglitt, wenn die Scheide hervorkam. 9 Joab
11^{7} sagte zu Amasa: Geht es dir gut, mein Bruder? und griff mit der rech-
Mk 14^{45} 2^{23} ten Hand nach dem Bart Amasas, um ihn zu küssen. 10 Amasa aber ach-
3^{27} Ri $3^{21.22}$ tete nicht auf das Schwert, das Joab in der (linken) Hand hatte, und
1 Kön $2^{5.32}$ Joab stieß es ihm in den Bauch, so daß seine Eingeweide zu Boden
quollen. Amasa starb, ohne daß Joab ein zweites Mal zustieß. Dann
setzten Joab und sein Bruder Abischai die Verfolgung Schebas, des
Sohnes Bichris, fort. 11 Einer von den Leuten Joabs aber blieb bei
Amasa stehen und rief: Wer zu Joab hält und wer zu David gehört, der
folge Joab nach. 12 Amasa aber hatte sich in seinem Blut mitten auf der
Straße gewälzt. Als der Mann sah, daß alle Leute stehenblieben,
2 Kön 9^{25} schaffte er Amasa von der Straße weg auf das Feld und warf ein Klei-
dungsstück über ihn, weil jeder, der vorbeikam und ihn sah, stehen-
blieb. 13 Erst nachdem er ihn von der Straße weggeschafft hatte, zogen
alle Männer vorüber und Joab nach, um Scheba, den Sohn Bichris, zu
verfolgen.
1 Kön 15^{20} 14 Scheba zog in allen Stämmen Israels umher, bis nach Abel-Bet-Maa-
2 Kön 15^{29} cha. Alle Bichriter sammelten sich um ihn und folgten ihm. 15 Als aber
die Leute Joabs angekommen waren, schlossen sie ihn in Abel-Bet-
2 Kön 19^{32} Maacha ein; sie schütteten einen Damm gegen die Stadt auf, der bis an
die Mauer heranreichte, und alle Leute, die bei Joab geblieben waren,
bemühten sich, die Mauer zu zerstören und zum Einsturz zu bringen.

20^{7} Zog Abischai mit Joab: korrigiert. M, G, S und Vg: »Hinter ihm her zogen die Männer Joabs ... aus«.

20^{14} Alle Bichriter sammelten sich um ihn: in Anlehnung an G und Vg und unter Beachtung des *Qᵉrē* korrigiert.

kann. 12.13 Um Amasa, der sich sterbend auf dem Boden wälzt, kümmert man sich nur, weil er mitten auf der Straße liegt und sein Anblick die Verfolger Schebas aufhält.

14 Scheba ist inzwischen das gelungen, was David befürchtet hat 6. Er hat jedoch erst im äußersten Norden Israels Zuflucht gefunden; Abel-Bet-Maacha lag 7 km westnordwestlich von Dan (1 Kön 15^{20} 2 Kön 15^{29}). Im hebräischen Text heißt es, daß ihm »auch« *('āf)* die Bichriter gefolgt seien. Mit diesem Zusatz wollte ein Glossator die Spannung zu 2 ausgleichen. Nach den alten Übersetzungen halten ihm jedoch nur die Bichriter die Treue. 15 Für einen Moment erhalten wir einen Einblick in die damalige Belagerungstechnik. Von einem Damm aus konnte man die Verteidiger auf der Mauer besser an-

16 Da rief eine kluge Frau aus der Stadt: Hört her! Hört her! Sagt Joab: 14^{2}
Komm hierher, ich will mit dir reden. 17 Er trat zu ihr heran. Die Frau
fragte: Bist du Joab? Er antwortete: Ja, ich bin es. Da sagte sie zu ihm:
Hör auf die Worte deiner Magd! Er antwortete: Ich höre. 18 Sie sagte: 1 Sam 28^{22}
Früher pflegte man zu sagen: Man frage doch in Abel an, dann kann
man die Sache zu einem (guten) Ende führen. 19 Wir sind die friedlich-
sten, treuesten Menschen in Israel. Du aber bist darauf aus, eine Stadt,
die für Israel (wie) eine Mutter ist, zu vernichten. Warum zerstörst du Ri 5^{7}
das Erbe des Herrn? 20 Joab antwortete: Das liegt mir ganz und gar 1 Sam 26^{19}
fern: Ich will die Stadt nicht vernichten und zerstören. 21 So ist es nicht. 1 Kön 21^{3}
Vielmehr hat ein Mann aus dem Gebirge Efraim namens Scheba, ein
Sohn Bichris, seine Hand gegen den König, gegen David, erhoben. 1 Sam 26^{9}
Ihn allein gebt heraus! Dann werde ich von der Stadt abziehen. Die
Frau sagte zu Joab: Gib acht, sein Kopf wird dir über die Mauer zuge-
worfen werden. 22 Dann redete die kluge Frau mit allen Leuten (in der
Stadt), und sie schlugen Scheba, dem Sohn Bichris, den Kopf ab und 1 Sam 31^{9}
warfen ihn Joab zu. Da ließ Joab das Widderhorn blasen, und alle zo- 2^{28} $18^{16.17}$
gen von der Stadt ab und gingen wieder zu ihren Zelten; Joab aber
kehrte nach Jerusalem zum König zurück.

Die Beamten Davids: 20^{23-26}
8^{16-18}; 1 Chr 18^{14-17}

23 Joab war Befehlshaber des ganzen Heeres der Israeliten, und Benaja,
der Sohn Jojadas, war der Befehlshaber der Kereter und Peleter. 24 1 Kön $4^{4.6}$
Adoniram beaufsichtigte die Fronarbeiten, und Joschafat, der Sohn 1 Kön 12^{18}
Ahiluds, war der Sprecher des Königs. 25 Schewa war Staatschreiber,
und Zadok und Abjatar waren Priester. 26 Auch der Jaïriter Ira war Num 32^{41}
Davids Priester.

20^{19} Wir sind die friedlichsten, treuesten Menschen in Israel: korrigiert. M, G, S und Vg: »Ich bin ...«

greifen als von einem tiefer gelegenen Punkt aus (vgl. 2 Kön 19^{32} = Jes 37^{33} Jer 6^{6} 32^{24} 33^{4}). 18.19 Die kluge Frau weist mit einem Sprichwort auf die Bedeutung der Metropole Abel hin und erinnert Joab daran, daß er drauf und dran ist, sich gegen das Erbe des Herrn zu wenden. 22 Es wird für die Frau nicht leicht gewesen sein, gegen den Widerstand der Bichriter und unter Mißachtung des Gastrechtes (vgl. Gen 19^{6-8} Ri 19^{22-26}) die Bürger von Abel davon zu überzeugen, daß es besser sei, wenn einer für alle stirbt als umgekehrt.

20^{23-26} Der Vergleich mit der älteren Liste der davidischen Beamten (8^{15-18}) und dem jüngeren Verzeichnis Salomos (1 Kön 4^{1-6}) gibt Aufschluß darüber, wie sich die Verwaltung im Großreich entwickelt hat.

24 Fronarbeit *(mas)* gab es in Palästina bereits im 14. Jahrhundert, wie ein Brief aus El Amarna bezeugt. Der Aufseher über die Fronarbeiten wurde in der älteren Liste noch nicht

erwähnt. Adoniram machte sich während der Regierung Salomos im Norden so verhaßt, daß er in den ersten Tagen Rehabeams gesteinigt wurde (1 Kön 12[18]). [25] Der Staatsschreiber heißt hier Scheja *(K[e]tib)* oder Schewa *(Q[e]rē)*. Er kann jedoch mit dem Seraja von 8[16] identisch sein. Denn es gibt noch weitere Namensformen wie Schuscha (1 Chr 18[16]) oder Schischa (1 Kön 4[3]); sie erinnern an die ägyptische Bezeichnung für »Schreiber« *(sš)*. [26] David berief auch einen Mann aus der ostjordanischen Sippe Jaïr (Num 32[41] Dtn 3[14] Jos 13[30]), die zum Stamm Manasse gehörte, als Priester. Es lag nicht in seiner Absicht, dieses Amt nur wenigen Familien zu überlassen.

21[1–14] Der Nachtrag des Buches (21[1]–24[25]) beginnt mit einer Erzählung, in der das Schicksal der Familie Sauls noch einmal im Vordergrund steht. David erfährt, daß die Blutschuld Sauls an den Gibeonitern die gegenwärtige Hungersnot bewirkt hat [1]. In seiner Unterredung mit ihnen erkundigt er sich, welche Forderungen sie erheben [2–6]. Er liefert ihnen sieben Nachkommen Sauls aus, die hingerichtet werden [7–9]. Die mutige Tat der Rizpa bewirkt eine Wende [10]. David läßt die Gebeine Sauls, Jonatans und der Hingerichteten feierlich beisetzen [11–14].

Der Erzähler setzt eine Reihe von Ereignissen und Begebenheiten voraus, die bereits Geschichte geworden sind: Die Gibeoniter haben in vorstaatlicher Zeit durch eine List erreicht, daß ihnen die Israeliten durch einen Eid eine Lebensgarantie zugesichert haben (Jos 9[3–15]). Saul jedoch brach diese Zusage und bedrohte das Leben der hiwitischen Bevölkerung von Gibeon [2] (vgl. 4[3]). David hatte seinerseits seinem Freund Jonatan versprochen, dessen Familie zu schonen, falls die Macht einmal in seine Hände fiel [7] (vgl. 1 Sam 20[14–17.42]).

Die Erzählung geht von einer Hungersnot aus, die schon drei Jahre währt [1a]. David erfährt vom Herrn, daß eine Blutschuld Sauls auf dem Land lastet [1b]. Er ist bereit, für diese Schuld Sühne zu leisten [3]. Darum liefert er die Nachkommen Sauls an die Gibeoniter aus [9.10]. Damit ist die Ursache der Hungersnot beseitigt; sie müßte nach unserer Erwartung auch schnell zu Ende gehen. Tatsächlich fällt bald Regen [10]. Doch der Herr ist noch nicht gnädig gestimmt. Er wendet sich seinem Volk erst dann wieder zu, nachdem David die Gebeine der Hingerichteten pietätvoll beigesetzt hat [14]. Die Erzählung enthält also nach der Sühne der Blutschuld Sauls noch eine überraschende Fortsetzung [11–14].

Das zeigt sich auch, wenn wir die Rollen Rizpas und Davids betrachten. Rizpas Söhne Armoni und Mefi-Boschet werden von David an die Gibeoniter ausgeliefert [8]. Sie müssen für die Schuld ihres Vaters büßen [10]. Rizpa verhindert anschließend, daß die Leichname ihrer Söhne von Geiern oder Schakalen gefressen werden. Sie tritt damit in einen gewissen Gegensatz zu David, ohne dessen Eingriff ihre Söhne noch leben würden. Als aber David davon erfährt, nimmt er sich ihr Verhalten zum Vorbild und sorgt für die würdige Bestattung der Getöteten [11–14]. Dieses Verhalten Davids irritiert uns: Hätte er die Nachkommen Sauls nicht besser am Leben lassen sollen, statt sich um ihre würdige Beisetzung zu kümmern?

Mit einer solchen Frage zeigen wir allerdings, daß wir die Logik des Erzählers und seiner ursprünglichen Zuhörer nicht genügend begreifen. Er konnte bei seinen Hörern voraussetzen, daß ihnen der enge Zusammenhang zwischen Blutschuld, Zorn des Herrn und Hungersnot bekannt war: Die Schuld Sauls ließ sich nur

NACHTRÄGE: 21^{1}–24^{25}

Die Rache der Gibeoniter und die Treue der Rizpa: 21^{1-14}

21^{1} Zur Zeit Davids herrschte drei Jahre hintereinander eine Hungers- 1 Kön 18^{2}
not. Da suchte David den Herrn auf (um ihn zu befragen). Der Herr $5^{19.23}$
sagte: Auf Saul und seinem Haus lastet eine Blutschuld, weil er die

21^{1} Auf Saul und seinem Haus: nach G, S und Vg. M: »und zu einem Haus«.

durch eine wirksame Sühne beseitigen. Da Saul nicht mehr lebte, hatten dessen Nachkommen für ihn einzustehen.

Damit sind aber nicht alle Fragen beantwortet. Warum hebt der Erzähler den Eifer Sauls für Israel und Juda hervor, wenn dessen Schuld die Hungersnot heraufbeschworen hat? Hat Saul nur versucht, die Gibeoniter zu vernichten ^{2}, oder hat er sie tatsächlich getötet ^{3}? Wie lange hat Rizpa auf dem Berg ausgeharrt und die Leichname beschützt? Mußte sie bis zum Regen warten ^{10}, oder hat David schon eher von ihrer Tat gehört und eingegriffen ^{11}? Warum wird nur in der Septuaginta, nicht aber im hebräischen Text erzählt, daß man auch die Leichen der Hingerichteten im Grab von Sauls Vater Kisch beigesetzt hat ^{14}? Weshalb läßt sich Gott erst gnädig stimmen, nachdem David seine Pietät demonstriert hat ^{14}? War nicht die Blutschuld Sauls schon viel früher gesühnt? Sucht man nach Antworten auf diese Fragen, dann muß man die Vorgeschichte der Erzählung berücksichtigen.

Ein früher Erzähler schilderte, daß sich David um eine Aussöhnung mit den Gibeonitern bemühte. Er kam ihnen entgegen und lieferte ihnen sieben Sauliden aus, die für ihren Vater bzw. Großvater mit dem Leben büßen mußten. Die Leichen wurden durch Rizpas entschlossene Tat davor bewahrt, ein Opfer von Raubvögeln und wilden Tieren zu werden $^{3-6.8-10}$. Das hohe Alter dieser Erzählung läßt sich daran erkennen, daß in ihr David noch als »der König« $^{2.5-8}$ bezeichnet wird.

Eine solche Erzählung setzte David aber dem Verdacht aus, daß er doch ein Mörder war (16^{7}) und das Haus seines Vorgängers wie ein Usurpator behandelte (19^{29} 1 Kön 15^{29} $16^{11.12}$ 2 Kön 10^{17}). Darum verteidigte ein jüngerer Erzähler David, indem er eine andere, eigenständige Tradition aufgriff, nach der sich David um eine ehrenvolle Beisetzung der Nachkommen Sauls bemüht hatte $^{11-14a}$. Die Verschonung Merib-Baals (9^{1-13} 16^{1-4} 19^{25-31}) wurde als weiteres Argument eingefügt ^{7}.

David wurde später auch dadurch entschuldigt, daß er nicht aus eigenem Antrieb, sondern wegen einer Hungersnot aktiv geworden sei $^{1.14b}$. – Schließlich ergriff einer der Bearbeiter für Saul Partei: Der erste König Israels habe nur »aus Eifer für die Söhne Israels und Judas« gehandelt und lediglich »versucht«, Gibeoniter zu töten ^{2}.

Den heutigen Leser stört an dieser Erzählung, daß die Nachkommen Sauls für ihren Vater bzw. Großvater büßen müssen (vgl. Jos 7^{24} 1 Sam 22^{16} 2 Kön 9^{26}). Dieses Prinzip ist in späteren prophetischen (Ez 18 Jer $31^{29.30}$) und dtr Kreisen (Dtn 24^{16} 2 Kön $14^{5.6}$) widerrufen worden.

Doch diese Wende hin zu einer per-

Gibeoniter getötet hat. 2 Da rief der König die Gibeoniter zu sich und
redete mit ihnen. Die Gibeoniter stammten nicht von den Söhnen Is-
raels ab, sondern von einem Rest der Amoriter. Obwohl die Israeliten
Jos 9^{3-15} sich ihnen gegenüber mit einem Eid (zum Wohlwollen) verpflichtet
hatten, versuchte Saul in seinem Eifer für die Söhne Israels und Judas,
sie zu vernichten. 3 David sagte also zu den Gibeonitern: Was soll ich
Gen 32^{21} für euch tun? Womit kann ich Sühne leisten, damit ihr dem Erbe des
Herrn wieder Segen bringt? 4 Die Gibeoniter antworteten ihm: Wir
Num $35^{31.32}$ wollen weder Silber noch Gold von Saul und seinem Haus; auch steht
es uns nicht zu, jemand in Israel zu töten. David sagte: Was meint ihr,
was soll ich für euch tun? 5 Sie sagten zum König: Der Mann, der uns
vernichten wollte und der darauf aus war, uns auszurotten, so daß wir
uns in keinem Gebiet Israels mehr hätten halten können, 6 von dessen
Söhnen soll man uns sieben Männer geben. Wir wollen sie vor dem
1 Sam 10^{24} Herrn im Gibea Sauls, des vom Herrn Erwählten, hinrichten. Der
Num 25^{4} 9^{1-13} König antwortete: Ich will sie euch geben. 7 Merib-Baal, den Sohn Jo-
19^{25-31} natans, des Sohnes Sauls, aber verschonte der König wegen der Abma-
1 Sam 20^{14-17} chung zwischen David und Jonatan, dem Sohn Sauls, die sie mit einem
1 Sam 18^{3} 3^{7} Eid beim Herrn bekräftigt hatten. 8 Der König nahm Armoni und
1 Sam 18^{19} Merib-Baal, die beiden Söhne, die Rizpa, die Tochter Ajas, dem Saul
geboren hatte, und die fünf Söhne, die Michal, die Tochter Sauls, dem
Adriël, dem Sohn Barsillais aus Mehola, geboren hatte. 9 Er lieferte sie
1 Kön 3^{4} den Gibeonitern aus, die sie auf dem Berg vor dem Angesicht des
Herrn hinrichteten; so kamen alle sieben auf einmal um. Sie wurden in
den ersten Tagen der Ernte getötet, zu Beginn der Gerstenernte.

21^{8} Michal: 2 hebräische Hss, G^{L} und T lesen »Merab«, da sie mit Adriël aus Mehola verheiratet war (1 Sam 18^{19}).

sönlichen Verantwortung (vgl. 1 Kön 8^{23} 2 Chr 6^{14} Neh 1^{5} Dan 9^{4}) hat sich auf die vorliegende Erzählung nicht mehr auswirken können. Wir sind aber durchaus berechtigt, 2 Sam 21^{1-14} im Licht der ganzen Heiligen Schrift zu lesen.

1 Ein Vertragsbruch galt z.B. auch bei den Hetitern als Ursache für eine nationale Katastrophe. 3 Mord mußte blutig gesühnt werden (Num 35^{33}); erst nach der Sühne konnten die Gibeoniter dem Land, dem »Erbe des Herrn«, wieder Segen bringen (vgl. Ri 17^{2}). 4 Die Todesstrafe durften die Gibeoniter nicht selbst verhängen. 7 Im Hebräischen wird Merib-Baal, der Sohn Jonatans, ebenso wie der Sohn Rizpas 8 »Mefiboschet« genannt. Die EÜ hat im einen Fall den alten Namen wiederhergestellt (vgl. 4^{4} und 9^{1-13}), im anderen Fall den abträglichen Namen (*bōšæt* = Schande) beibehalten, damit man die beiden Personen besser voneinander unterscheiden kann. Historisch gesehen ist es allerdings umstritten, ob es neben dem Sohn Sauls noch einen gleichnamigen Sohn Jonatans gab (vgl. 9^{1-13}). 8 Als David vor Saul fliehen mußte, wurde Michal einem Palti (1 Sam 25^{44}) bzw. Paltiël (3^{15})

10 Rizpa, die Tochter Ajas, aber nahm Sackleinen und legte es für sich
auf den Felsen, und (sie blieb dort) bei den Toten vom Beginn der Dtn $21^{22.23}$
Ernte, bis sich Wasser vom Himmel über die Toten ergoß. Sie ließ
nicht zu, daß bei Tag die Vögel des Himmels und bei Nacht die Tiere 1 Sam $17^{44.46}$
des Feldes an sie herankamen. 11 Als David erzählt wurde, was Rizpa,
die Tochter Ajas und Nebenfrau Sauls, getan hatte, 12 holte er die Ge-
beine Sauls und die Gebeine seines Sohnes Jonatan von den Bürgern
von Jabesch-Gilead, die sie heimlich vom Marktplatz in Bet-Schean 1 Sam $31^{12.13}$
weggenommen hatten, wo die Philister sie aufgehängt hatten, als sie
Israel am Gilboa schlugen. 13 Er ließ also von dort die Gebeine Sauls 1 Sam 31^{10}
und die Gebeine seines Sohnes Jonatan heraufbringen.
Dann sammelte man die Gebeine der Hingerichteten ein 14 und begrub
sie zusammen mit den Gebeinen Sauls und seines Sohnes Jonatan in Jos 18^{28}
Zela im Land Benjamin, im Grab von Sauls Vater Kisch. Man tat alles, 1 Sam 9^{1} 24^{25}
was der König befohlen hatte, und Gott ließ sich daraufhin für das
Land gnädig stimmen.

Die Helden Davids und ihre Taten: 21^{15-22}

15 Wieder einmal kam es zum Krieg zwischen den Philistern und Israel. 5^{17-25} 8^{1}
David zog mit seinen Leuten hinab. Als sie gegen die Philister kämpf-
ten, wurde David müde. 16 Ischbi aus Nob, ein Rafaïter, dessen
Bronze-Speer dreihundert Schekel wog und der mit einem neuen

zur Frau gegeben. Adriël, der Sohn des Barsillai aus Mehola, war eigentlich ihr Schwager (1 Sam 18^{19}), denn er war mit Merab, der älteren Tochter Sauls, verheiratet. – Wenn David wirklich die fünf Söhne der Michal den Gibeonitern ausgeliefert hat, dann war seine Liebe zu ihr in der Tat erloschen (vgl. $6^{16.20-23}$). 9 Die unglücklichen Sauliden wurden wegen des Vertragsbruches Sauls nicht nur hingerichtet, sondern auch zerstükkelt (vgl. Gen 15^{10-18} Jer 34^{18}) und so der glühenden Sonne während der Erntezeit ausgesetzt (vgl. Num 25^{4}). Im späteren Israel war es nicht nur verboten, die Söhne wegen der Schuld ihrer Väter zu bestrafen; man verlangte auch eine größere Pietät gegenüber den Hingerichteten (Dtn $21^{22.23}$). 10 Da es eine Schande war, wenn die Leichen von den Vögeln zerpflückt wurden (1 Sam $17^{44.46}$ 1 Kön 14^{11} Jer 7^{33} Ps 79^{2}), verjagte sie Rizpa. Eine tapfere Frau inmitten männlicher Gewalt und Gegengewalt!

21^{15-22} Vier herausragende Kämpfer, die David dienen, besiegen die gleiche Anzahl von Philistern aus Gat. Letztere stammen alle aus der Sippe eines Rafa 22; mit den sagenhaften Rafaïtern (Gen 14^{5} 15^{20} Dtn $2^{10.11.20}$ 3^{13} u.ö.) haben sie jedoch nichts zu tun. Jede Notiz wird durch die Worte eingeleitet: »Wieder einmal kam es zum Krieg« 15.18.19.20. Daß die Philister die Gegner sind, wird dreimal hervorgehoben 15.18.19. Nur einmal wird der Ort der Auseinandersetzung nicht genannt 15. Die Helden auf seiten Davids sind namentlich bekannt: Abischai, Sibbechai, Elhanan, Jonatan. Wir erfahren – bis auf eine Aus-

Schwert umgürtet war, sagte, er werde David erschlagen. [17] Aber Abi-
1 Sam 26^{6} schai, der Sohn der Zeruja, kam David zu Hilfe und schlug den Phili-
ster tot. Damals leisteten die Männer Davids ihm folgenden Schwur:
18^{3} Du wirst nicht mehr mit uns in den Kampf ziehen, damit du nicht die
1 Kön 11^{36} 1 Chr 20^{4-8} Leuchte Israels auslöschst.
1 Chr 11^{29} [18] Danach kam es bei Gob wieder zum Kampf mit den Philistern. Da-
mals erschlug Sibbechai aus Huscha den Sippai, der zu den Rafaïtern
gehörte.
23^{24} [19] Als es wieder einmal bei Gob zum Kampf gegen die Philister kam, er-
1 Sam 17^{4} 1 Chr 20^{5} schlug Elhanan, der Sohn Jaïrs aus Betlehem, den Goliat aus Gat, des-
sen Speer einem Weberbaum glich. [20] Dann kam es noch einmal bei
Gat zum Kampf. Da trat ein Mann von riesenhafter Größe auf; er
hatte an jeder Hand sechs Finger und an jedem Fuß sechs Zehen, zu-
1 Sam 17^{10} sammen vierundzwanzig; auch er stammte von Rafa ab. [21] Als er Israel
1 Sam 16^{9} verhöhnte, erschlug ihn Jonatan, der Sohn von Davids Bruder Schima.
[22] Diese vier stammten von Rafa aus Gat ab; sie fielen durch die Hand
Davids und seiner Krieger.

21^{19} Der Sohn Jaïrs: In M ist der vorweggenommene »Weberbaum« zu tilgen und der Name Jaïr wiederherzustellen (1 Chr 20^{5}).

21^{20} Von riesenhafter Größe: nach T und 1 Chr 20^{6} korrigiert. M: Mann des Streites.

nahme [20] – auch die Namen der philistäischen Gegner.

[15–17] Die erste Episode beschränkt sich nicht auf den Zweikampf zwischen Abischai und Jischbi aus Nob. Hier wird begründet, warum David nicht mehr persönlich an den Auseinandersetzungen teilnahm (vgl. 1^{11} 18^{3}). Daß Israel eine Leuchte erhalten bleiben sollte, griff die dtr Geschichtsschreibung später wieder auf (1 Kön 11^{36} 15^{4} 2 Kön 8^{19}).

[18] Sibbechai aus Huscha (*ḫūsān* – 6 km westlich von Betlehem) gehört zu den dreißig Helden Davids (23^{27}).

[19] Die Angabe, daß Elhanan den Philister Goliat erschlagen habe, konkurriert mit der Heldentat Davids in 1 Sam 17. Die Tat Elhanans aus Betlehem ist offenbar später auf David übertragen und ausgestaltet worden. Die Chronik hat die alte Tradition so abgewandelt, daß Elhanan den Bruder Goliats erschlagen habe (1 Chr 20^{5}). Der Targum setzt Elhanan mit David gleich. Diese Harmonisierung hat sogar bei modernen Auslegern Anklang gefunden. [20.21] Der abnorme Philister verstand sich auf Schmähreden, wie sie vor dem Kampf üblich waren (vgl. [16] und 1 Sam $17^{8-10.23.25.26.36.43.44-47}$). Davids Bruder Schima war der drittälteste (1 Sam 16^{9} 17^{13} 2 Sam 13^{3}).

22^{1-51} Der umfangreiche Psalm – der auch im Psalter enthalten ist (Ps 18) – besteht im wesentlichen aus zwei Teilen: aus einem individuellen Danklied [2–20] und einem Siegeslied des Königs [33–50]. Im einzelnen ergibt sich folgende Struktur: Nach der historisierenden Überschrift [1] bringt der Beter sein Vertrauen gegenüber seinem Gott zum Ausdruck [2.3]. Dann berichtet er von seiner Not [4–7], schildert eine Theophanie [8–16] und erzählt von seiner Rettung [17–20]. Er verweist auf seine Makellosigkeit [21–25], be-

Davids Dankgebet: 22[1–51]
Ps 18

22[1] David sang dem Herrn an dem Tag, als ihn der Herr aus der Ge- Ex 15[1]
walt all seiner Feinde und aus der Gewalt Sauls errettet hatte, folgen- Ri 5[1]
des Lied:

kennt sich zu dem einen Gott, der denen die Treue hält, die ihm treu bleiben [26–28], äußert nochmals sein Vertrauen auf Gott [29–31] und spricht von der Unvergleichlichkeit Gottes [32]. Dann schildert der königliche Beter die Hilfe, die der Herr ihm bei seiner Aufgabe erwiesen hat [33–46], und preist den Herrn [47–50]. Der Psalm endet mit einem Hinweis auf die große Hilfe, die der Herr dem gesalbten König erwiesen hat [51].

Der Psalm kann nicht einer bestimmten einzelnen Gattung zugewiesen werden, sondern erweist sich als eine Mischform. Das *individuelle Danklied* [2–20] stellt die Äußerungen des Vertrauens voran [2–4], bevor es von den inzwischen glücklich überstandenen Gefahren spricht [5–7]. Die Theophanie schildert das Eingreifen Gottes in Bildern, die an vulkanische Erscheinungen [8.9.13.16a] und an Gewitter denken lassen [10–15] (vgl. Hab 3). Der Bericht über die Rettung [17–20] knüpft über die Theophanie hinweg an die Schilderung der Gefahren an [5–7].

Das *Siegeslied des Königs* [33–50] spricht am Anfang [33–35] und am Ende [47.48] von Gott in der dritten Person, im Korpus [36–46] wird der Herr unmittelbar angeredet. Die Motive des Siegesliedes entsprechen den altorientalischen Vorstellungen von einem König, die auch in anderen königlichen Psalmen zu erkennen sind (vgl. Ps 2[9] 110[5]). Der Unterschied zum individuellen Danklied ist nicht zu übersehen. Der König bringt andere in Gefahr, ihn selbst aber haben die Fluten des Verderbens nicht erschreckt (vgl. [5]).

Die Beobachtungen zur Gattung legen bereits nahe, daß der Psalm allmählich seinen heutigen Umfang erreicht hat. Den ältesten Bestand bildet das königliche Siegeslied [33–50], das noch Erfahrungen mit tatkräftigen Monarchen voraussetzt. Dieser Königspsalm ist später um ein individuelles Danklied erweitert worden, das eine Theophanie einschloß [2–20]. Dem Beter ist die Jerusalemer Tempeltradition bekannt; er kennt den Kerub [11] (1 Kön 6[23–28]) und ruft den Herrn als den Höchsten an [14] (Gen 14[19]). Daraus dürfen wir folgern, daß man das individuelle Danklied in Jerusalem hinzugefügt hat. Die Theophanie spricht von glühenden Kohlen [9] und erinnert damit an die Visionen Ezechiels (Ez 1[4.13] 10[2.4]). Damit läßt sich auch das Alter des Dankliedes ungefähr angeben. Nach der Erweiterung des ursprünglichen königlichen Siegesliedes konnte jeder den Psalm beten, der die rettende Hand Gottes in seinem Leben erfahren hatte.

Die Reinheit des Beters wird in [21–25] in einer Sprache beschrieben, die an die spätdeuteronomistische Theologie erinnert. Es kann sein, daß der Psalm während des Exils bereits dem makellosen König David zugeschrieben worden ist (1 Kön 11[34.38] 14[8] 15[3]). Als man den Nachtrag des Samuelbuches gestaltete, verband man den Psalm mit David [1.51]. Ähnlich jung dürfte der Abschnitt in [26–32] sein. Das monotheistische Bekenntnis [32] setzt die Verkündigung Deuterojesajas (Jes 44[6–8] 45[5.6.14.18.21.22] 46[9]) bereits

Dtn 32^{4} Ps 91^{2} Ps 89^{27} Ps 28^{7} Jer 16^{19} Ps $140^{2.5}$ Ps 48^{2} 96^{4} Num 10^{9} Ps 42^{8} Jon 2^{4}

2 Herr, du mein Fels, meine Burg, mein Retter,
3 mein Gott, mein Fels, bei dem ich mich berge,
mein Schild und sicheres Heil, meine Feste,
meine Zuflucht, mein Helfer,
der mich vor der Gewalttat rettet.
4 Ich rufe: Der Herr sei gepriesen!,
und ich werde vor meinen Feinden gerettet.
5 Denn mich umfingen die Wellen des Todes,
mich erschreckten die Fluten des Verderbens.

Ps 116^{3}

6 Die Bande der Unterwelt umstrickten mich,
über mich fielen die Schlingen des Todes.

Ps 120^{1} Ps 68^{30}

7 In meiner Not rief ich zum Herrn
und rief zu meinem Gott.
Aus seinem Heiligtum hörte er mein Rufen,
mein Hilfeschrei (drang) zu seinen Ohren.

Ri 5^{4} Jes 24^{18} Jer 5^{22}

8 Da wankte und schwankte die Erde,
die Grundfesten des Himmels erbebten.
Sie wankten, denn sein Zorn war entbrannt.

Ps 97^{3} Ez 1^{3}

9 Rauch stieg aus seiner Nase auf,
aus seinem Mund kam verzehrendes Feuer,
glühende Kohlen sprühten aus von ihm.

Ex 19^{16} 20^{21}

10 Er neigte den Himmel und fuhr herab,
zu seinen Füßen dunkle Wolken.

22^{3} Mein Gott: nach G und Vg korrigiert.

voraus. Da der Psalm auch in den Psalter gelangt ist, lassen sich durch den Vergleich der beiden Fassungen manche textkritischen Probleme klären.

1 Das Lied setzt voraus, daß alle Feinde Davids niedergerungen sind – auch Saul, dessen Erwähnung ein wenig nachhinkt. Der Psalm fügt sich damit in den heutigen Kontext – nach dem Sieg über Scheba (vgl. $20^{1–22}$) – ganz gut ein. 2.3 Die Bilder, die der Psalmist für Gott gebraucht, bringen zum Ausdruck, daß Gott unerschütterlich ist. Er ist sein Fels und seine Burg (Ps $31^{3.4}$ 71^{3}), seine Feste (Ps $59^{10.17.18}$) und sein Schild (Ps 3^{4} 144^{2}). Wenn der Psalmist vom »Horn meines Heils« spricht, dann ist mit dem Horn ein Symbol der Kraft gemeint. Der Beter kann sich bei diesem unangreifbaren Gott bergen (Ps 7^{2} 11^{1} 16^{1}), denn dieser ist bereit, ihn vor Gewalttat zu erretten (Ps 144^{2}). 5 Die Mächte des Todes (vgl. Ps 116^{3}) werden mit den Wellen und Fluten des Meeres verglichen, das den Israeliten immer unheimlich war (Jona $2^{4.6}$). 6 Der Beter wechselt zum Bild der Jagd über, wenn er von Banden der Unterwelt (Ps 116^{3}) und Schlingen des Todes (Spr 13^{14} 14^{27}) spricht. 7 Das Rufen des Beters dringt bis zum Heiligtum des Herrn, vom Himmel her 17 erhört er den Psalmisten (1 Kön $8^{29–43}$).

8–16 Die Schilderung der Theophanie beginnt mit Phänomenen, die an ein Erdbeben 8 (Ri 5^{4} Ps 68^{9} 77^{19} Hab 3^{6}) und einen Vulkanausbruch 9 (Ex 19^{18}

11 Er fuhr auf dem Kerub und flog daher; Ez 9[3] Ps 68[34]
er schwebte auf den Flügeln des Windes. Ps 144[5] Ps 97[2]
12 Er hüllte sich in Finsternis, 1 Kön 8[12]
in dunkles Wasser und dichtes Gewölk wie in ein Zelt.
13 Von seinem Glanz flammten glühende Kohlen auf.
14 Da ließ der Herr den Donner vom Himmel her dröhnen, 1 Sam 2[10]
der Höchste ließ seine Stimme erschallen.
15 Er schoß seine Pfeile und streute sie, Ps 29[3] 68[34]
er schleuderte Blitze und jagte sie dahin. Ps 77[18.19] Ps 144[6]
16 Da wurden sichtbar die Tiefen des Meeres,
die Grundfesten der Erde wurden entblößt Ps 104[6.7]
durch das Drohen des Herrn,
vor dem Schnauben seines zornigen Atems.
17 Er griff aus der Höhe herab und faßte mich, Ps 144[7]
zog mich heraus aus gewaltigen Wassern.
18 Er entriß mich meinen mächtigen Feinden, Ps 34[5.18.20]
die stärker waren als ich und mich haßten. Ps 97[10]
19 Sie überfielen mich am Tag meines Unheils, Obd 13
doch der Herr wurde mein Halt.
20 Er führte mich hinaus ins Weite, Ps 31[9]
er befreite mich, denn er hatte an mir Gefallen. Ps 116[8] Ps 7[9]
21 Der Herr hat mir vergolten, Ps 24[4] 1 Kön 8[32]
weil ich gerecht bin und meine Hände rein sind. Ijob 23[11]
22 Denn ich hielt mich an die Wege des Herrn Ps 128[1]
und fiel nicht ruchlos ab von meinem Gott.

22[12] Dunkles Wasser: nach G[BA], S und Ps 18[12] korrigiert. M: Sieb aus Wasser.

Ps 104[32]) erinnern. Gott kommt auf Gewitterwolken herab, die sich immer tiefer senken [10] (Ps 144[5] Jes 63[19]). Er fährt auf einem Kerub, einer mythischen Mischgestalt, einher [11] (vgl. 6[2]). Diese Vorstellung hat man bei der Gestaltung des Allerheiligsten in Jerusalem berücksichtigt (1 Kön 6[23–27] Ex 25[20]). Daß sich Gott gern in ein Dunkel hüllt [12], kommt auch im alten Weihespruch Salomos (1 Kön 8[12], vgl. Ps 97[2]) zum Ausdruck. Die Theophanie wird sodann mit Bildern eines mächtigen Gewitters beschrieben [13–15] (Ex 19[16] Ps 77[18.19] 97[4] 144[6]). Schließlich werden durch das Drohen des Herrn die Grundfesten der Erde freigelegt [16] (Ps 106[9]), so daß er den Beter aus der Tiefe holen kann [17], die bislang von gewaltigen Wassern umspült wurde.

Nach dem Abschluß der Theophanie schildert der Beter seine Befreiung [17–20]. Die vielen, gewaltigen Wasser [17] können ein Bild für das Chaos (Ps 29[3] 32[6]) sein, stehen hier aber in Parallele zu den mächtigen Feinden. Am Ende führt der Herr den Psalmisten hinaus ins Weite (Ps 31[9]). Der Beter wird befreit, weil Gott es so will.

[21–25] In diesem Abschnitt liegt es nicht am Wohlgefallen des Herrn, sondern an der Makellosigkeit des Psalmisten, wenn er gerettet wird. Es kommt auf die menschliche Gerechtigkeit an [21.25], die in der Reinheit der Hände

23 Ja, ich habe alle seine Gebote vor Augen,
Dtn 17[20] — weiche von seinen Gesetzen niemals ab.
Ps 119[102] — 24 Ich war vor ihm ohne Makel,
Ijob 1[1] — ich nahm mich in acht vor der Sünde.
25 Darum hat der Herr mir vergolten,
1 Kön 8[32] — weil ich gerecht bin
Ijob 22[30] Mt 7[7] — und weil ich rein bin vor seinen Augen.
Jak 2[13] — 26 Gegen den Treuen zeigst du dich treu,
an dem Aufrichtigen handelst du recht.
27 Gegen den Reinen zeigst du dich rein,
Lev 26[23.24] — doch falsch gegen den Falschen.
28 Dem bedrückten Volk bringst du Heil,
Jes 2[11–17] — doch die Blicke der Stolzen zwingst du nieder.
Ijob 29[3] — 29 Ja, du bist meine Leuchte, Herr.
Ps 27[1] — Der Herr macht meine Finsternis hell.
30 Mit dir erstürme ich Wälle,
mit meinem Gott überspringe ich Mauern.
Jes 35[6] — 31 Vollkommen ist Gottes Weg,
Dtn 32[4] Ps 12[7] — das Wort des Herrn ist im Feuer geläutert.
Ps 33[20] — Ein Schild ist er für alle, die sich bei ihm bergen.
Dtn 4[35.39] — 32 Denn wer ist Gott als allein der Herr,
wer ist ein Fels, wenn nicht unser Gott?

22[27] Doch falsch: nach Ps 18[27] korrigiert *(titpattāl).*
22[28] Doch die Blicke der Stolzen: nach Ps 18[28] korrigiert.

besteht [21] (Ps 7[9] 24[4]). Der Beter kann mit einem gewissen Stolz hervorheben, daß er die Wege des Herrn eingehalten hat (Ps 119[67.168] Ijob 23[11]). Er bezeichnet sich selbst als einen vollkommenen Menschen (Ps 119[80]), der sich vor Schuld gehütet habe (Ps 17[3–5]). So gerecht waren nach der Überlieferung nur David (1 Sam 26[23]) und Salomo (1 Kön 3[6]). Dieser Abschnitt hat es wesentlich erleichtert, den Psalm David zuzuschreiben [1.51]; er ist vielleicht sogar aus diesem Grund geschaffen worden.

[26–32] Übereinstimmend mit [21–25] wird zunächst betont, daß sich Gott so zu den Menschen verhält, wie sie es ihm gegenüber tun [26–28]. Dabei gelingen dem Beter einmalige Formulierungen [26.27]. Wir können allenfalls auf Aussagen verweisen, in denen Gott auf Feindseligkeiten entsprechend reagiert (Lev 26[23.24]). In Anlehnung an Zef 3[11–13] stellt der Beter fest, daß der Herr die Stolzen erniedrigt und die Demütigen erhebt (vgl. 1 Sam 2[7] Lk 1[51]). Nicht nur das Wort des Herrn (Ps 119[105]), sondern der Herr selbst ist Licht für den Psalmisten [29]. Führt der Herr ihn heraus aus der Enge in die Weite [20], so bilden auch Mauern kein Hindernis mehr [30]. Das Bild vom geläuterten Wort des Herrn wird an anderer Stelle (Ps 12[7]) näher ausgeführt. In hymnischem Stil wird die Unvergleichbarkeit Gottes hervorgehoben [32] (Ps 32[10] 89[7–9]). Damit kommt man dem Monotheismus Deuterojesajas zumindest nahe (vgl. 7[22] 1 Sam 2[2]).

33 Gott ist meine starke Burg, 1 Sam 2[2]
er gab mir meinen Weg ohne Hindernis frei. Ps 31[3–5]
Ps 146[7]
34 Er ließ mich springen schnell wie Hirsche, Hab 3[19]
auf hohem Weg ließ er mich gehen. Jes 58[14]
35 Er lehrte meine Hände kämpfen, Ps 144[1]
meine Arme, den ehernen Bogen zu spannen.
36 Du gabst mir deine Hilfe zum Schild,
dein Zuspruch machte mich groß.
37 Du schaffst meinen Schritten weiten Raum,
meine Knöchel wanken nicht. Spr 4[12]
38 Ich verfolge meine Feinde und vertilge sie,
ich kehre nicht um, bis sie vernichtet sind. 20[6.7.10.13]
39 Ich vernichte sie, ich schlage sie nieder; Dtn 7[22] 28[21]
sie können sich nicht mehr erheben, Dtn 33[11]
sie fallen und liegen unter meinen Füßen.
40 Du hast mich zum Kampf mit Kraft umgürtet, Ps 44[5–8]
hast alle in die Knie gezwungen, Jos 10[24.25]
die sich gegen mich erhoben.
41 Meine Feinde hast du zur Flucht gezwungen; Ps 143[12]
ich konnte die vernichten, die mich hassen.
42 Sie schreien, doch hilft ihnen niemand,
sie schreien zum Herrn, doch er gibt keine Antwort. 1 Sam 28[6]
Jes 1[15] Mi 3[4]

22[42] Sie schreien: nach Ps 18[42a] (*j*^{e}*šaww*^{e}*ʿū*), G, S und Vg korrigiert.

[33–50] In der Einleitung zum Siegeslied stellt der König dar, daß ihn der Herr auf den Kampf vorbereitet hat [33–37]. Wurde eben noch der Weg Gottes als vollkommen bezeichnet [31], so sorgt jetzt der Herr dafür, daß der Weg des Königs ohne Hindernis (H: »vollkommen«) ist [33]. Der König kann sich mit Gottes Hilfe so schnell wie ein Hirsch bewegen (Hab 3[19], vgl. Gen 49[21]). Altorientalische Bilder illustrieren, wie Könige mit Hilfe der Götter lernen, mit dem Bogen umzugehen [35]. In einer Elischaerzählung (2 Kön 13[14–19]) übernimmt der Prophet die Rolle Gottes. Der *eherne* Bogen trug übrigens seinen Namen zu Recht, denn sein Holz wurde durch Einlagen aus Bronze verstärkt. Der König vertraut darauf, daß Gott ihm den Schild seiner Hilfe reicht und ihn so beschützt [36]. Das Bild vom Schild [36] sowie das Bekenntnis, daß der Herr Raum schafft und aus der Enge herausführt [37], haben auch im individuellen Danklied ihren Platz gefunden [3.20]. – [38–46] Der König berichtet mit einem gewissen Stolz von seinen eigenen militärischen Erfolgen [38.39.41b.43.45]. Er verdankt sie allerdings dem Herrn [40.41a.44], der in anderen Psalmen selbst die Feinde zerschmettert (Ps 68[22] und 110[5.6]). Die bildlichen Ausdrücke entsprechen altorientalischen Vorstellungen: Die Besiegten liegen am Boden, so daß der Sieger seinen Fuß auf ihre Köpfe stellen kann (Jos 10[24]). Der König zermalmt sie wie Staub und zertritt sie wie Unrat [43] (vgl. Mi 7[10]). Die zahlreichen Opfer der Kämpfe erwecken in ihm keine Bedenken (vgl.

2 Kön 13^{7} Jes 10^{6} — 43 Ich zermalme sie wie Staub auf der Erde,
wie Unrat auf der Straße zertrete, zermalme ich sie.
44 Du rettest mich aus dem Streit meines Volkes,
8^{1-14} — bewahrst mich als Haupt ganzer Völker.
Jes 55^{5} — Stämme, die ich früher nicht kannte,
sind mir nun untertan.
Dtn 33^{29} — 45 Mir huldigen die Söhne der Fremde;
Ps 66^{3} — sobald sie mich nur hören, gehorchen sie mir.
46 Die Söhne der Fremde schwinden dahin,
Mi 7^{17} — sie kommen zitternd aus ihren Burgen hervor.
Ps 19^{15} Ps 89^{27} — 47 Es lebt der Herr! Mein Fels sei gepriesen!
Ps 94^{1} — Der Gott, der Fels meines Heils, sei hoch erhoben;
Ps 2^{8} 72^{9} — 48 denn Gott verschaffte mir Vergeltung
Ps 59^{1} — und unterwarf mir die Völker.
49 Du hast mich meinen Feinden entführt,
mich über meine Gegner erhoben,
dem Mann der Gewalt mich entrissen.
Ps $140^{2.5}$ — 50 Darum will ich dir danken, Herr, vor den Völkern,
Ps 57^{10} Ps 108^{4} — ich will deinem Namen singen und spielen.
Ps 144^{10} — 51 Seinem König verlieh er große Hilfe,
Ps 89^{22-26} — Huld erwies er seinem Gesalbten,
David und seinem Stamm auf ewig.

22^{46} Sie kommen zitternd: so Ps 18^{46}. M: »sie umgürteten«.

8^{1-14} 11^{1a} und 12^{26-31}). Er erachtet es nicht für notwendig, den militärischen Einsatz zu rechtfertigen (vgl. 10^{1-19}). Der Weg bis zur ntl Feindesliebe (Mt 5^{43-48}) ist noch sehr weit. Die Vorlage aus der älteren Königszeit ist in [42] bearbeitet: Anstelle der äußeren Feinde sind hier innerisraelitische Gegner gemeint, die den Herrn vergeblich anrufen. – [47–51] Der abschließende Lobpreis wird damit eingeleitet, daß der Herr lebt [47] (vgl. Ps 42^{3}). Man hat in Israel zwar nicht vom Tod Gottes gesprochen. Aber es gab doch jene, die befürchteten, Gott schlafe (Ps 7^{7}); mit ihnen mußte man sich auseinandersetzen (Ps 121^{4}). Gott wird dafür gepriesen, daß er dem König den Sieg – und damit dem Volk die Freiheit verliehen hat [48b] (Ps 47^{4}). Vergeltung – wörtlich: Rache – ist nichts Negatives, wenn sie Gott überlassen wird [48a] (vgl. Dtn 32^{35} Ps 94^{1} Nah 1^{2} Lk 21^{22} Röm 12^{19}). Der König schließt mit einem Gelübde, dem Herrn vor den Völkern zu singen und zu spielen [50] (vgl. Ps 20^{6} 21^{14b}).

Nachdem das Siegeslied abgeschlossen ist, spricht der Psalmist noch einmal von der Hilfe, die der Herr dem gesalbten König erwiesen hat [51]. Damit kann David, aber eben auch seine Dynastie gemeint sein ($7^{11b.16}$).

23^{1-7} Die Bezeichnung »letzte Worte Davids« übersieht die Weisungen, die David auf dem Totenbett seinem Sohn Salomo erteilt hat (1 Kön 2^{5-9}). Der Erzähler, der die Einleitung geschaffen hat [1a], kannte den Inhalt der erweiterten Thronfolgeerzählung noch nicht. Die prophetisch inspirierten Worte, die man David in den Mund gelegt hat, stellten einen

Davids letzte Worte: 23^{1-7}

23 1 Das sind die letzten Worte Davids: 1 Kön 2^{1-9}
Spruch Davids, des Sohnes Isais, 1 Sam 16^{1}
Spruch des hochgestellten Mannes, Num $24^{3.4.16}$
des Gesalbten des Gottes Jakobs,
des Lieblingshelden der Lieder Israels:
2 Der Geist des Herrn sprach durch mich, Mk 12^{36}
sein Wort war auf meiner Zunge.
3 Der Gott Israels sprach,
zu mir sagte der Fels Israels: $22^{2.3.32.47}$
Wer gerecht über die Menschen herrscht,
wer voll Gottesfurcht herrscht,
4 der ist wie das Licht am Morgen,
wenn die Sonne aufstrahlt Ps 72^{5}
an einem Morgen ohne Wolken, Ri 5^{31}
der nach dem Regen grünes Gras Spr 4^{18}
aus der Erde hervorsprießen läßt.

23^{4} Hervorsprießen läßt: sinngemäß ergänzt.

»Königsspiegel« dar, an dem sich die Herrscher Israels und Judas messen lassen mußten.
Nach der Überschrift ^{1a} wird das Vermächtnis Davids auf doppelte Weise – nominal ^{1b} und verbal ^{2} – eingeleitet. Der Vergleich des gerechten Herrschers mit dem Licht am Morgen $^{3.4}$ steht im Mittelpunkt. Der Hinweis auf den ewigen Bund ^{5} rundet die positiven Aussagen zu Davids Königsherrschaft ab. Dazu bildet die Metapher von den Frevlern als verwehten Dornen ^{6} den negativen Kontrast.
^{1b} Der »Spruch Davids« und der »Spruch des hochgestellten Mannes« erinnern an die Sprüche Bileams (Num $24^{3.15}$), aber auch an die Worte des weisen Agur (Spr 30^{1}). Damit deutet sich schon an, daß der Abschnitt von der Prophetie wie von der Weisheit bestimmt ist. Vorausgesetzt ist, daß der Gott Jakobs (vgl. Ps 46^{12} 76^{7}) David gesalbt hat (1 Sam 16^{13} Ps 89^{21}). David wird in den Liedern Israels gern besungen, seit er die Philister so überzeugend geschlagen hat (1 Sam 18^{7} 21^{12} 29^{5}). – ^{2} Der Geist des Herrn hat Saul (1 Sam $10^{6.10}$ 11^{6} $19^{20.23}$), aber auch den jungen David (1 Sam 16^{13}) ergriffen.
Hier ist jedoch nicht die geistgewirkte Ekstase, sondern die prophetische Inspiration gemeint (vgl. 1 Kön $22^{24.28}$ Spr 16^{10}). Damit steht David den Propheten nahe (Mt 22^{43} Apg 2^{30}). – $^{3.4}$ Nach einer erneuten Redeeinleitung, die aus der Psalmensprache den »Felsen Israels« aufgreift (22^{2}), formuliert David sein Vermächtnis: Der gerechte König (Ps 72) regiert nicht eigenmächtig, sondern in der Furcht des Herrn (Jes 11^{2-5}). David vermeidet darum bewußt das Verbum »als König herrschen« *(mālak)*; er gebraucht dafür ein Äquivalent, das den Gedanken an eine von Gott unabhängige Regierung ausschließt (*māšal,* vgl. Ri 8^{23}). Mit einem solchen Herrscher läßt sich das Sonnenlicht an einem wol-

2 Sam 7^{16} Ps 89^{29} 5 Ist nicht mein Haus durch Gott gesichert?
Weil er mir einen ewigen Bund gewährt hat,
ist es in allem wohlgeordnet und gut gesichert.
All mein Heil und alles, was ich begehrte,
ließ er es nicht aufsprießen?
Ri 9^{15} 6 All die Übeltäter aber sind wie verwehte Dornen;
man faßt sie nicht mit der Hand an.
7 Wenn jemand sie anrühren will,
Ri 8^{16} rüstet er sich mit Eisen und einer Lanze;
Jes 33^{12} Mt 13^{42} sie werden im Feuer verbrannt.

Davids Helden: 23^{8-39}
1 Chr 11^{10-47}

8 Das sind die Namen der Helden Davids: Jischbaal, der Hachmoniter, das Haupt der Drei; er schwang seine Streitaxt über achthundert Män-

23^{7} Das letzte Wort in M ist ersatzlos zu streichen.

23^{8} Jischbaal, der Hachmoniter; der entstellte Name (vgl. 2^{8} und 4^{4}) ist nach 1 Chr 11^{11} korrigiert. Nach G^{L} war er das Haupt »der Drei«. Er schwang (*ʿōrēr:* 1 Chr 11^{11}) seine »Streitaxt« (*ḥªsīnō*) über die Feinde.

kenlosen Morgen vergleichen, das das Gras nach dem Regen sprießen läßt. – 5 Die Verheißung einer beständigen Dynastie, die Natan dem König übermittelt hat (2 Sam $7^{11b.16}$), wird hier als »ewiger Bund« (*bᵉrīt ʿōlām*) bezeichnet. Der theologische Terminus *bᵉrīt* (»Bund«) kann sich zum einen auf die Zusage des Herrn gegenüber dem König (Ps $89^{4.5}$), zum anderen aber auch auf dessen Verpflichtungen (Ps 132^{12}) beziehen. Das Wort ist geeignet, die wechselseitige Beziehung zwischen Gott und König zum Ausdruck zu bringen. – 6 Mit den Übeltätern sind politische Gegner Davids im In- und Ausland gemeint. Sie gleichen Dornen, die am Ende dem Feuer übergeben werden (Ri 9^{15} Jes 33^{12} Spr 15^{19}).

23^{8-39} Nachdem schon vor dem Danklied (22^{1-51}) und den letzten Worten Davids (23^{1-7}) von vier herausragenden Kämpfern die Rede war (21^{15-22}), werden weitere »Helden« (*gibbōrīm*) vorgestellt. Die erste Gruppe besteht aus drei Kriegern $^{8-12}$. Sie sind aber nicht unbedingt mit jenen Männern identisch, die dem durstigen David frisches Wasser aus der Quelle von Betlehem holen $^{13-17}$. Abischai und Benaja zählen zu den »Dreißig«; ihre Taten werden besonders herausgestellt $^{18-23}$. Die Liste der Dreißig umfaßt allerdings in Wirklichkeit einunddreißig Männer $^{24-39}$. Die Episoden ähneln vielfach den Nachrichten in 21^{15-22}. Es fällt auf, daß Joab weder zu den drei noch zu den dreißig Helden gerechnet wird. Warum erscheint er nur als Bruder Abischais ^{18} und Asaëls ^{24}? Die hiesigen Episoden stammen offenbar noch aus der Frühzeit Davids, als dieser auf die Tapferkeit einzelner Männer angewiesen war. Vielleicht hat man sogar aus einer gewissen Nostalgie heraus die Taten der »Helden« Davids zusammengestellt.

$^{8-12}$ Die drei Helden haben sich nicht

ner und erschlug sie alle auf einmal. 9 Nach ihm kommt (als zweiter) 1 Chr 27[4]
der Ahoachiter Eleasar, der Sohn Dodos, unter den drei Helden. Er
war bei David in Pas-Dammim, als die Philister sich zum Kampf sam-
melten. Als sich die Israeliten zurückzogen, 10 hielt er (allein) stand und
schlug auf die Philister ein, bis seine Hand erlahmte und am Schwert
erstarrte. So verschaffte der Herr an jenem Tag (Israel) einen großen 1 Sam 10[13] 19[5]
Sieg. Das Volk kehrte wieder um und folgte Eleasar, aber nur noch,
um zu plündern. 11 Nach ihm kommt (als dritter) der Harariter
Schamma, der Sohn Ages. Einst versammelten sich die Philister bei
Lehi. Dort war ein Linsenfeld. Als das Volk vor den Philistern floh, 12
stellte sich Schamma mitten in das Feld, behauptete es und schlug die
Philister. So verlieh ihm der Herr einen großen Sieg.
13 Als sich einst das Lager der Philister in der Rafaïterebene befand, ka-
men drei von den Dreißig zu Beginn der Ernte hinab zur Höhle Adul-
lam. 14 David hielt sich damals in der Bergfestung auf, und ein Posten 1 Sam 22[1]
der Philister lag in Betlehem. 15 Da bekam David großen Durst, und er 2 Sam 5[17]
sagte: Wer bringt mir Wasser aus der Zisterne am Tor von Betlehem?
16 Da drangen die drei Helden in das Lager der Philister ein, schöpften
Wasser aus der Zisterne am Tor von Betlehem, nahmen es mit und
brachten es David. Doch er wollte es nicht trinken, sondern goß es für
den Herrn als Trankopfer aus 17 und sagte: Das sei fern von mir, Herr, Joël 1[9.13]
daß ich so etwas tue. Ist es nicht sozusagen das Blut der Männer, die Lev 17[10.14]
unter Lebensgefahr hingegangen sind? Darum wollte er es nicht trin-
ken. Eine solche Tat vollbrachten die drei Helden.
18 Joabs Bruder Abischai, der Sohn der Zeruja, war der Anführer der 1 Sam 26[6–9]
Dreißig. Er schwang seinen Speer über dreihundert Männer und er- 2[18.24] 3[30] 16[9.11] 18[5.12]

23[9] In Pas-Dammim, als die Philister: nach 1 Chr 11[13].
23[11] Bei Lehi: korrigiert (vgl. Ri 15[9]).

nur in Zweikämpfen bewährt (vgl. 21[16 21]), sondern auch einer größeren Anzahl von Feinden getrotzt. Jischbi erschlug achthundert Männer »auf einen Streich«. Eleasars Heldentat wird als Sieg verstanden, den der Herr Israel verschafft hat (vgl. 1 Sam 11[13] 19[5] 2 Kön 5[1]). Gleiches gilt für Schamma. Er hat offenbar den Beutezug einer Philisterschar abgewehrt, die ein Linsenfeld abernten wollte.

13–17 Die Episode reicht in die Zeit zurück, als sich David noch gern in seiner Bergfeste Adullam verbarg (1 Sam 22[1]). Zur Zeit der Ernte war es bereits recht heiß, so daß der Wunsch Davids nach frischem Wasser aus dem heimatlichen Betlehem verständlich war. Von einem Befehl konnte natürlich keine Rede sein. Als die drei Gefährten das ersehnte Wasser brachten, wurde er sich seiner leichtfertigen Äußerung bewußt. Er vergoß das Wasser dem Herrn zur Ehre.

18.19 Abischai (vgl. 1 Sam 26[6–9] 2 Sam 2[18.24] 16[9.11] 18[5.12] 19[22] 20[6.10] 21[17]) war das Haupt der Gruppe der »Dreißig« 24–39, die hier bereits als bekannt vorausgesetzt wird. Obwohl er dreihundert Feinde auf einmal getötet haben soll, zählte man ihn nicht zu den drei

19^{22} $20^{6.10}$ 21^{17} schlug sie; bei den drei Helden hatte er einen großen Namen. [19] Unter
Jos 15^{21} den Dreißig war er hoch geehrt, und er wurde ihr Anführer, aber an
8^{18} 20^{23} die Drei reichte er nicht heran. [20] Benaja aus Kabzeël, der Sohn Joja-
das, war ein tapferer Mann, der große Taten vollbrachte. Er erschlug
die beiden Söhne Ariëls aus Moab. Als einmal Schnee gefallen war,
Ri 14^{6} kam er zu einer Zisterne und erlegte darin einen Löwen. [21] Auch er-
1 Sam $17^{34.35}$ schlug er einen Ägypter, einen furchterregenden Mann. Der Ägypter
hatte einen Speer in der Hand. Benaja aber ging nur mit einem Stock
1 Sam 17^{51} auf ihn los, riß ihm den Speer aus der Hand und tötete ihn mit diesem
Speer. [22] Solche Taten vollbrachte Benaja, der Sohn Jojadas. Er hatte
bei den drei Helden einen großen Namen. [23] Unter den Dreißig war er
1 Kön $1^{8.10.26}$ hoch geehrt, aber an die Drei reichte er nicht heran. David stellte ihn
an die Spitze seiner Leibwache.
$2^{18-23.30.32}$ 3^{30} [24] Zu den Dreißig gehörte Joabs Bruder Asaël, ferner Elhanan aus Bet-
21^{19} 1 Chr $27^{9.10}$ lehem, der Sohn Dodos, [25] Schamma und Elika aus Harod, [26] Helez aus
1 Chr $27^{11.12}$ Pelet, Ira aus Tekoa, der Sohn des Ikkesch, [27] Abiëser aus Anatot, Sib-
1 Chr $27^{13.15}$ bechai aus Huscha, [28] Zalmon, der Ahoachiter, Machrai aus Netofa, [29]
Heled aus Netofa, der Sohn Baanas, Ittai aus Gibea in Benjamin, der
1 Chr 27^{14} Sohn Ribais, [30] Benaja aus Piraton, Hiddai aus Nahale-Gaasch, [31] Abi-
albon aus Bet-Araba, Asmawet aus Bahurim, [32] Eljachba aus Schaal-
bon, Jaschen aus Nun, [33] Schamma aus Harar, Ahiam aus Harar, der

23^{19} Unter den Dreißig: nach S korrigiert.
23^{20} Die »Söhne« Ariëls sind mit G eingefügt worden.
23^{27} Sibbechai: nach 1 Chr 11^{29} korrigiert (vgl. G^{L}).
23^{32} Jaschen aus Nun: nach G^{A} in 1 Chr 11^{34} korrigiert.

vornehmsten Helden. $^{19-23}$ Von Benaja wird ähnlich wie von Simson (Ri $14^{5.6}$) erzählt, daß er mit einem Löwen fertig geworden sei. Einen Ägypter habe er besiegt, ohne entsprechend bewaffnet zu sein (vgl. 1 Sam $17^{5-7.40}$). David hat ihn wohl erst in späterer Zeit an die Spitze der Leibwache gestellt (8^{18} 20^{23}); Salomo machte ihn gar zum Heerführer (1 Kön 2^{35}).

$^{24-39}$ Da Asaël (2 Sam $2^{18-23.30.32}$) zu den »Dreißig« gezählt wird, dürfen wir folgern, daß es sich um eine frühe Liste von Helden aus jener Zeit handelt, als David nur König von Juda war. Dafür spricht auch, daß ein großer Teil der Männer aus Juda stammt: Elhanan, Schamma, Elika, Helez, Ira, Sibbechai, Machrai, Heled, Elifelet, Eliam und Hezro kommen dafür auf jeden Fall in Frage. Einige der dreißig Helden sind uns bereits an anderen Stellen begegnet: Elhanan aus Betlehem (21^{19}), der hier freilich als Sohn eines Dodo gilt (vgl. ^{9}), Sibbechai aus Huscha (21^{18}), und der Hetiter Urija (11^{2-26}). Seltsam ist, daß einer der drei herausragenden Helden auch unter den »Dreißig« genannt wird: Schamma aus Harar ($^{11.12}$). Wie ist man auf die Zahl 37 gekommen ^{39}? Zählt man Schamma aus Harar nur einmal und addiert die drei Helden von $^{8-12}$, die drei Männer von $^{13-17}$ sowie Abischai, Benaja und die Dreißig, dann erhält man 38 Helden. Hat man von dieser Summe den bereits gefallenen Asaël abgezogen? – Die

Sohn Scharars, [34] Elifelet aus Maacha, der Sohn Ahasbais, Eliam aus
Gilo, der Sohn Ahitofels, [35] Hezro aus Karmel, Paarai aus Arab, [36] Jigal 15[12] 16[23]
aus Zoba, der Sohn Natans, Mibhar aus Gad, [37] Zelek, der Ammoniter,
Nachrai aus Beërot, der Waffenträger Joabs, des Sohnes der Zeruja, [38] 2[18]
Ira aus Jattir, Gareb aus Jattir [39] sowie Urija, der Hetiter. Im ganzen 11[6–26]
(waren es) siebenunddreißig.

23[38] Jattir: nach G^{BL} korrigiert.

Chronik macht übrigens aus fünf Helden – Ira aus Tekoa (1 Chr 27[9]), Abiëser aus Anatot (1 Chr 27[12]), Machrai und Heled aus Netofa (1 Chr 27[13.15]) sowie Benaja aus Piraton (1 Chr 27[14]) – Heerführer Davids für jeweils einen Monat. Das ist jedoch eine spätere Konstruktion (vgl. 1 Kön 4[7–19]).

24[1–25] Die Erzählung läßt sich in drei Abschnitte gliedern. Am Anfang steht eine Volkszählung [1–10]. Der Herr selbst gibt den Anstoß dazu [1]. David leitet den Auftrag an Joab weiter [2], der sich zunächst ein wenig sträubt [3.4a]. Nach neun Monaten sind die Zahlen für Israel und Juda bekannt [4b–9]. Doch als David das Ergebnis vernommen hat, schlägt ihm das Gewissen [10]. – Der zweite Abschnitt handelt von der Strafe, die David verdient hat und die das Volk trifft [11–17]. Der Prophet Gad empfängt eine Offenbarung [11.12] und stellt dem König drei Strafen zur Wahl [13]. Nachdem David sich entschieden hat [14], grassiert eine Pest unter dem Volk [15]. Bevor der König für das Volk Fürsprache einlegt [17], hat der Herr seinem Engel bereits Einhalt geboten [16]. – Am selben Tag hat Gad dem König den Auftrag des Herrn übermittelt, einen Altar zu errichten [18]. David gehorcht bereitwillig [19]. Er kauft die Tenne des Jebusiters Arauna [20–24], errichtet dort einen Altar und opfert auf ihm [25].

Der Erzähler versteht es, sein Tempo zu variieren. Er nimmt sich genügend *Zeit*, um den Auftrag, den David erhält und weitergibt [1.2], sowie den Einspruch Joabs [3] zu zitieren. Die neun Monate der Volkszählung rafft er dagegen zusammen [4b–9]. Nachdem die Musterung abgeschlossen ist, geht der Erzähler wieder ausführlicher auf das Geschehen ein [10–25]. – Wenn wir allerdings die »erzählte Zeit« genauer bestimmen wollen, dann geraten wir mitunter in Verlegenheit. Wütet die Pest wirklich drei Tage lang [13], oder wird sie vorzeitig abgebrochen [16]? Was ist mit »dem bestimmten Zeitpunkt« [15] gemeint? Da die Bilanz der Toten im ganzen Land zwischen Dan und Beërscheba angegeben wird, könnten inzwischen die drei Tage vergangen sein. Wenn es aber so wäre, dann bräuchte der Herr dem Engel nicht mehr Einhalt zu gebieten [16]. Merkwürdig ist auch, daß David erst dann für sein Volk Fürsprache einlegt [17], als der Herr die Plage bereits beendet hat [16]. Man kann den Erzähler allerdings so verstehen, daß er in einer »Rückblende« die Fürbitte Davids nachholt. Wir müssen uns von der Vorstellung lösen, daß die Ereignisse immer nur aufeinander gefolgt seien; sie können sich auch nebeneinander abgespielt haben. Nur so läßt sich erklären, warum die Pest einerseits durch das Wort des Herrn an seinen Engel[16], andererseits durch die Opfer Davids auf der Tenne des Arauna [25] beendet worden ist. Der Ausdruck »am gleichen Tag« [18] wäre also so zu verstehen, daß Gad den König mit dem

Bau des Altares zu einer Stunde beauftragt hat, als noch Menschen zwischen Dan und Beërscheba von der Plage hinweggerafft worden sind.

Die *Handlung* ist reich an überraschenden Wendungen. Zu Beginn teilt der Erzähler dem Hörer oder Leser Hintergründe mit, von denen die handelnden Personen nichts wissen können: Weil der Zorn des Herrn nach der Hungersnot von 21[1–14] noch einmal entbrennt, reizt er David, das Volk zu zählen [1]. David gibt diesen Auftrag – scheinbar ohne Bedenken – an Joab weiter.

Der Heerführer ahnt dagegen, daß eine solche Musterung nicht ohne Gefahren ist [3]. Der König setzt sich jedoch mit seinem Machtwort darüber hinweg [4a]. Um so erstaunter sind wir, wenn David nach Abschluß der Zählung Gewissensbisse bekommt [10]. Er bekennt sich schuldig. Hat er aber nicht lediglich das getan, was ihm der Herr selbst geboten hat? Ungewöhnlich ist auch, daß der Herr durch seinen Propheten nicht eine Strafe ankündigt, sondern daß er David zwischen drei Katastrophen wählen läßt [12.13]. Die Antwort des Königs [14]schließt nicht – wie man erwarten könnte – zwei, sondern nur ein Unheil aus: die Verfolgung durch Menschen. Damit ist offen, welche Strafe der Herr tatsächlich verhängen wird. Als die Plage hereinbricht [15], sterben zwar Zehntausende aus dem Volk, aber David, der sich ausdrücklich zu seiner Schuld bekannt hat [10], kommt ungeschoren davon. Die Verwunderung darüber, daß das unschuldige Volk betroffen ist, bringt David denn auch zum Ausdruck [17]. Die Überraschungen nehmen erst im letzten Teil der Erzählung ab. Wer näher hinsieht, erkennt aber, daß David – abweichend vom Auftrag Gads [18] – großen Wert darauf legt, die Tenne dem Jebusiter Arauna abkaufen zu können [21.22.24].

Die Rätsel und Überraschungen der Erzählung bündeln sich in den unterschiedlichen *Rollen*, die David spielt. Er ist – vor allem im ersten und dritten Abschnitt – »der König«, ein souveräner Herrscher. Er beauftragt Joab und setzt sich gegen dessen Einspruch auch durch [2–4.9]. Der Jebusiter Arauna wirft sich vor ihm nieder und redet ihn als König an [20–23]. Davids Rolle ist eine ganz andere, wenn er bei seinem Namen genannt wird: Dann ist er der gehorsame Diener des Herrn [18.19], dem er seine Brand- und Heilsopfer darbringt [25]. Er ist das Werkzeug des Herrn [1], der sich seiner bedient, um das Volk ins Unglück zu stürzen. Er überläßt sich ganz dem Herrn, wenn es gilt, zwischen den angedrohten Strafen zu wählen [11–14]. Er bekennt sich zu seiner eigenen Schuld und bittet flehentlich für sein Volk [10.17]. Der Erzähler läßt es zu, daß der Herr eine düstere, zwiespältige Rolle spielt. Der Herr provoziert David zu einer Musterung, um seinen Zorn am Volk auszulassen [1]. Ist er ein »agent provocateur«? In jedem Fall ist es verständlich, daß der Chronist diese Rolle dem Satan zugewiesen hat (1 Chr 21[1]). Der Herr gebietet dem Verderben bringenden Engel zwar, die Hand sinken zu lassen [16], aber zu diesem Zeitpunkt sind bereits 70000 Menschen gestorben [15].

Von einer einheitlichen Gattung wird man kaum sprechen können. Die hiesige Erzählung verbindet eine Volkszählung, eine Bestrafung des Volkes und einen Altarbau miteinander. – Von einer *Musterung* des Volkes wird innerhalb des AT öfter erzählt (18[1] 1 Sam 11[8] 13[15] 15[4] und allein in Num 1–4 über 60mal). Mehrmals hat der Herr den Impuls dazu gegeben (Num 1[1–3] 26[1–2]). Er hat allerdings wiederholt betont, daß er sein Volk auch dann retten kann, wenn es nur wenige sind (Ri 7[2] 1 Sam 14[6] Jes 31[1]).

Davids Volkszählung: 24[1–25]
1 Chr 21[1–30]

24[1] Der Zorn des Herrn entbrannte noch einmal gegen Israel, und er 21[1.14]
reizte David gegen das Volk auf und sagte: Geh, zähl Israel und Juda! 1 Kön 20[25] 20[23]
[2] Der König befahl Joab, dem Obersten des Heeres, der bei ihm war: 17[11]
Durchstreift alle Stämme Israels von Dan bis Beërscheba, und mustert 18[1]

24[2] Durchstreift: nach S korrigiert (vgl. [4]). M, G und Vg bezeugen den Singular.

Lediglich in einem späten priesterlichen Gesetz (Ex 30[11–16]) kommt zum Ausdruck, daß die Zählung auch Gefahren in sich birgt. Jeder soll »ein Lösegeld für seine Person anläßlich der Veranlagung an den Herrn zahlen, damit sie kein Unheil wegen der Veranlagung trifft« (Ex 30[12]). – Die *Strafe* wird von einem Verderben bringenden Engel herbeigeführt, der uns an die Wirksamkeit des »Verderbers« in der Paschanacht erinnert (Ex 12[23]). Wir hören allerdings nirgendwo sonst, daß der Herr diesem Engel in den Arm fällt. Ohne Beispiel ist ebenfalls, daß David zwischen verschiedenen Katastrophen wählen kann. – Zum *Bau eines Altares* und anschließenden Opfern lassen sich dagegen genügend Parallelen anführen (Gen 8[20] 12[7] 13[18] 22[9] 26[25]). Mitunter ist damit ebenso wie hier der Erwerb eines Grundstückes verbunden (Gen 33[19]). Holz und Opfertiere werden auch in der Ladetradition spontan herbeigeschafft (1 Sam 6[14]). – Die drei Teile der Erzählung sind sicher recht verschieden, sie bilden aber durchaus eine literarische Einheit.

Ist diese Erzählung jedoch in einem Wurf entstanden? Einige Beobachtungen sprechen dagegen: Warum spielt David mindestens zwei grundverschiedene Rollen? Weshalb schlägt David nach der Volkszählung das Gewissen [10], obgleich er doch nur getan hat, was der Herr ihm aufgetragen hat [1]? Wieso wird das Volk bestraft [15], wenn David gefehlt hat[17]? Warum läßt sich nicht deutlicher erkennen, daß David zu einer Zeit Fürsprache für das Volk hält [17] und den Altar baut [20–24], als noch immer Menschen der Plage zum Opfer fallen? Hat der Herr die Pest vorzeitig beendet [16] oder drei volle Tage wirken lassen [15]? Die literarische Qualität der Erzählung leidet unter diesen offenen Fragen nicht. Wer allerdings Antworten erhalten möchte, kann an der Vorgeschichte der Erzählung nicht vorübergehen.

Am Anfang standen zwei selbständige Erzählungen über die Volkszählung [2–4aα.9.15] und den Kauf der Tenne des Arauna [20–21bα.22–25a], die je für sich überliefert wurden. – Die Tradition über die Musterung war von Beginn an mit einem kritischen Akzent versehen: Joab reagierte auf den Auftrag des Königs [2] mit einer höflichen, aber deutlichen Rückfrage nach dem Sinn einer solchen Maßnahme [3]. David mußte seine ganze Autorität aufbieten, um seinen Willen durchzusetzen [4aα]. Hinter dem Einwand Joabs steht die Überzeugung des frühen Erzählers, daß der Herr nicht auf eine große Zahl von Kämpfern angewiesen ist (1 Sam 14[6]). Israel sollte sich nicht rühmen, sich selbst gerettet zu haben (Ri 7[2]). Nachdem sich »der König« gegen Joab durchgesetzt

das Volk, damit ich weiß, wie viele es sind. [3] Joab aber sagte zum
Dtn 1[11] König: Der Herr, dein Gott, möge das Volk vermehren, hundertmal
mehr, als es jetzt ist, und mein Herr, der König, möge es mit eigenen
1 Kön 1[48] Augen sehen. Warum aber hat mein Herr, der König, Gefallen an ei-
Ex 30[11–16] ner solchen Sache? [4] Doch der König beharrte gegenüber Joab und den
3[39] 19[23] Anführern des Heeres auf seinem Befehl, und Joab und die Anführer
des Heeres verließen den König, um das Volk Israel zu mustern. [5] Sie
Jos 13[9.16] überschritten den Jordan und begannen bei Aroër, rechts von der
Stadt, die mitten im Tal liegt. Dann gingen sie auf Gad und Jaser zu [6]
Ri 1[26] und weiter nach Gilead und ins Land der Hetiter nach Kadesch. Von

24[5] Sie begannen bei Aroër: Korrektur nach G[L]. M und die meisten alten Übss: Sie lagerten in Aroër.

24[6] Land der Hetiter nach Kadesch: nach G[L] korrigiert. Wandten sie sich: Korrektur nach G[L].

hatte und die Zählung durchgeführt war [9], reagierte der Herr mit einer schweren Pest, die die Zahl der Gemusterten zwischen Dan und Beërscheba erheblich verminderte [15]. – Die alte Tradition vom Kauf der Tenne des Arauna [20–21bα.22–25a] betonte, daß sich David nichts schenken ließ, sondern für die Opferstätte den vollen Preis bezahlte. Wir können von der Gründungserzählung *(hieros logos)* jener Kultstätte sprechen, auf der der spätere Tempel Salomos erbaut wurde.

In prophetischen Kreisen verknüpfte man die beiden älteren Erzählungen miteinander. Die Initiative zum Altarbau wurde recht bald auf den Propheten Gad zurückgeführt [18.19a]. Er erhielt später auch die Aufgabe, David vor die Wahl zwischen drei Strafen zu stellen [11b–13]; David sprach sich dafür aus, sich dem Herrn zu ergeben [14]. – In einem weiteren Schritt führte man den Verderben bringenden Engel ein, der vor Ablauf der drei Tage genau an der Tenne des Arauna aufgehalten wurde [16]. Damit begründete man, warum David den Altar auf der Tenne des Arauna errichten sollte.

Die prophetische Erzählung [2–4aα.11b–16.18–19a.20–21bα.22–25a] ist in der Folge mehrfach bearbeitet worden. Während die ältere Erzählung davon ausging, daß eine Volkszählung vor allem für das Volk selbst gefährlich war (Ex 30[11–16]), hob man später das Prinzip der individuellen Verantwortung hervor: David war schuldig [10]. Er hätte eigentlich allein die Folgen tragen müssen [17]. – Zu einer späten theologischen Bearbeitung gehört, daß der Herr die entscheidenden Anstöße gab. Weil er dem Volk aus einem uns unbekannten Grund zürnte, gebot er David, das Volk zu zählen [1]. David gehorchte Gad nur, weil der Herr es befohlen hatte [19b]. Ähnlich jung dürfte die Ansicht sein, daß die Plage erst aufhörte, nachdem David seine Opfer dargebracht hatte [21bβ.25b]. – Die Volkszählung wurde schließlich auf ein idealisiertes Großreich Davids ausgedehnt [4b–8], in dem Joab nur noch mit Hilfe der Obersten des Heeres eine Musterung durchführen konnte. Die Chronik (1 Chr 21[4b]) kann hier noch die ältere Gestalt der Erzählung widerspiegeln.

[1] Die Worte »noch einmal« weisen auf den Zorn des Herrn zur Zeit der Hungersnot (21[1]) hin. Die beiden Erzählungen sind auf diese Weise redaktionell miteinander verknüpft.

dort aus zogen sie nach Dan, und von Dan wandten sie sich nach Si- Jos 19[28]
don. [7] Dann kamen sie zur Festung Tyrus und zu all den Städten der
Hiwiter und der Kanaaniter. Darauf zogen sie in den Negeb von Juda Jos 9[7] Ri 3[3]
hinab nach Beërscheba. [8] So durchstreiften sie das ganze Land und ka- 1 Sam 27[10]
men nach neun Monaten und zwanzig Tagen wieder nach Jerusalem
zurück. [9] Und Joab gab dem König das Ergebnis der Volkszählung be- 1 Chr 27[24]
kannt: Israel zählte achthunderttausend Krieger, die mit dem Schwert Ri 20[2.15.17]
kämpfen konnten, und Juda fünfhunderttausend.
[10] Dann aber schlug David das Gewissen, weil er das Volk gezählt 1 Sam 25[31]
hatte, und er sagte zum Herrn: Ich habe schwer gesündigt, weil ich das 1 Sam 15[24.30] 12[13]
getan habe. Doch vergib deinem Knecht seine Schuld, Herr; denn ich 1 Sam 13[13]
habe sehr unvernünftig gehandelt. [11] Als David am Morgen aufstand,
war bereits folgendes Wort des Herrn an den Propheten Gad, den
Seher Davids, ergangen: [12] Geh und sag zu David: So spricht der Herr: 1 Sam 22[5]
Dreierlei lege ich dir vor. Wähl dir eines davon! Das werde ich dir an- Ex 17[9] Jos 24[15]
tun. [13] Gad kam zu David, teilte ihm das Wort mit und sagte: Was soll
über dich kommen? Sieben Jahre Hungersnot in deinem Land? Oder 21[1] Gen 41[27]
drei Monate, in denen dich deine Feinde verfolgen und du vor ihnen 1 Sam 24[15] 26[18]
fliehen mußt? Oder soll drei Tage lang die Pest in deinem Land wüten? Num 14[12] Am 4[10]
Überleg dir sehr genau, was ich dem, der mich gesandt hat, als Ant-
wort überbringen soll. [14] Da sagte David zu Gad: Ich habe große
Angst. Wir wollen lieber dem Herrn in die Hände fallen, denn seine Sir 2[18]
Barmherzigkeit ist groß; den Menschen aber möchte ich nicht in die Ps 103[8.13]
Hände fallen. [15] Da ließ der Herr über Israel eine Pest kommen; sie Dtn 28[21] 1 Chr 27[24]
dauerte von jenem Morgen an bis zu dem festgesetzten Zeitpunkt, und 3[10] 17[11]
es starben zwischen Dan und Beërscheba siebzigtausend Menschen im
Volk. [16] Als der Engel seine Hand gegen Jerusalem ausstreckte, um es 2 Kön 19[35]
ins Verderben zu stürzen, reute den Herrn das Unheil, und er sagte zu 1 Sam 15[11.35]
dem Engel, der das Volk ins Verderben stürzte: Es ist jetzt genug, laß Ex 12[23] Joël 2[13]
deine Hand sinken! Der Engel war gerade bei der Tenne des Jebusiters
Arauna. [17] Als David den Engel sah, der das Volk schlug, sagte er zum
Herrn: Ich bin es doch, der gesündigt hat; ich bin es, der sich vergan- Ex 9[27] 10[16]
gen hat. Aber diese, die Herde, was haben denn sie getan? Erheb deine Num 22[34]
Hand gegen mich und gegen das Haus meines Vaters! Ps 74[1]

24,13 Sieben Jahre Hungersnot: G begnügt sich mit drei Jahren.

2 Nach den besten Textzeugen beauftragte David nur Joab mit der Musterung des Volkes. Die singularischen Imperative »durchstreife« (H, G und Vg) und »mustere« (G, S) bezeugen, daß die Obersten erst relativ spät einbezogen wurden. 3 Joabs Worte können auf dem Hintergrund einer Äußerung Jonatans verstanden werden, wonach der Herr Israel sowohl durch viele als auch durch wenige Kämpfer retten kann (1 Sam 14,6). 5 Aroër war eine Stadt in Moab *(ḫirbet el-ʿarāʿir)*, die von David kontrolliert wurde (8,2). Jaser lag wohl im Grenzgebiet zwischen Israel und Ammon. 13 Die

[18] Am gleichen Tag kam Gad zu David und sagte zu ihm: Geh hinauf
2 Chr 3[1] und errichte dem Herrn auf der Tenne des Jebusiters Arauna einen Al-
tar! [19] David ging hinauf, wie es Gad gesagt und der Herr befohlen
hatte. [20] Arauna hielt gerade Ausschau und sah den König mit seinen
Dienern kommen. Er ging hinaus, warf sich vor dem König mit dem
Lk 1[43] Gesicht zur Erde nieder [21] und sagte: Warum kommt mein Herr, der
König, zu seinem Knecht? David antwortete: Um von dir die Tenne zu
1 Sam 7[17] 14[35] kaufen und dem Herrn einen Altar zu errichten, damit die Plage im
Gen 23[11] Volk aufhört. [22] Arauna antwortete David: Mein Herr, der König,
möge alles nehmen, was er für gut findet, und es (als Opfer) darbrin-
1 Kön 19[21] gen. Sieh her, hier sind die Rinder für das Brandopfer und die Dresch-
1 Sam 6[14] schlitten und das Geschirr der Rinder als Brennholz. [23] Das alles gab
[der König] Arauna dem König und sagte zu ihm: Der Herr, dein
Jes 42[1] Gott, sei dir gnädig. [24] Der König erwiderte Arauna: Nein, ich will es
dir gegen Bezahlung abkaufen; ich will dem Herrn, meinem Gott,
1 Kön 16[24] keine unbezahlten Brandopfer darbringen. David kaufte also die
Tenne und die Rinder für fünfzig Silberschekel. [25] Und er baute dort
einen Altar für den Herrn und brachte Brandopfer und Heilsopfer dar;
1 Sam 11[15] der Herr aber ließ sich um des Landes willen erweichen, und die Plage
21[14] hörte auf in Israel.

24[23] Die eingeklammerten Worte »der König« fehlen in den meisten alten Übss.

Strafen unterscheiden sich vor allem in der Länge. [14] David schließt nur seine eigene Verfolgung durch einen Feind aus (Sir 2[18]). Zwischen Hunger und Pest, die das Volk treffen, kann er sich nicht entscheiden. [15] Die unbestimmte Angabe »bis zu einem festgesetzten Zeitpunkt« nimmt schon den vorzeitigen Abbruch der Plage [16] vorweg. Andererseits weist die Zahl der Opfer »zwischen Dan und Beërscheba« darauf hin, daß eine ältere Erzählung der Pest keine Grenze setzte. [16] Der Engel des Herrn konnte auch töten und verderben (Ex 12[21 23] 2 Kön 19[35]). [21–25a] Die Nachricht, daß David die Tenne des Jebusiters Arauna gekauft und den Altar gebaut hat, ist durchaus glaubwürdig. David kann dort das Zelt mit der Lade untergebracht haben (6[15.17] 7[1a.2.3]). Er begründete damit die heilige Stätte, auf der er allerdings einen Tempel nicht mehr errichten konnte (1 Kön 5[17]). [23] Dieser Vers gehört zu den späteren Erweiterungen. Zunächst wird der Kauf der Tenne widerrufen; in der Sicht des jüngeren Glossators hat Arauna dem König alles geschenkt [23a]. Ebenso unterbricht die freundliche Äußerung Araunas [23b] den Zusammenhang zwischen [22] und [24]. – [24] Der Chronist ersetzt die fünfzig Silberschekel durch sechshundert Goldschekel, die David allein für den Platz – nicht für die Rinder – bezahlt habe (1 Chr 21[25]). Ihm war die ursprüngliche Summe für den späteren Tempelplatz offenbar zu gering.

ABKÜRZUNGEN

Alttestamentliche Bücher

Gen	Genesis
Ex	Exodus
Lev	Levitikus
Num	Numeri
Dtn	Deuteronomium
Jos	Josua
Ri	Richter
Rut	Rut
1 Sam	1 Samuel
2 Sam	2 Samuel
1 Kön	1 Könige
2 Kön	2 Könige
1 Chr	1 Chronik
2 Chr	2 Chronik
Esra	Esra
Neh	Nehemia
Tob	Tobit
Jdt	Judit
Est	Ester
1 Makk	1 Makkabäer
2 Makk	2 Makkabäer
Ijob	Ijob
Ps	Psalmen
Spr	Sprichwörter
Koh	Kohelet
Hld	Hoheslied
Weish	Weisheit
Sir	Jesus Sirach
Jes	Jesaja
Jer	Jeremia
Klgl	Klagelieder
Bar	Baruch
Ez	Ezechiel
Dan	Daniel
Hos	Hosea
Joël	Joël
Am	Amos
Obd	Obadja
Jona	Jona
Mi	Micha
Nah	Nahum
Hab	Habakuk
Zef	Zefanja
Hag	Haggai
Sach	Sacharja
Mal	Maleachi

Neutestamentliche Bücher

Mt	Matthäus
Mk	Markus
Lk	Lukas
Joh	Johannes
Apg	Apostelgeschichte
Röm	Römerbrief
1 Kor	1. Korintherbrief
2 Kor	2. Korintherbrief
Gal	Galaterbrief
Eph	Epheserbrief
Phil	Philipperbrief
Kol	Kolosserbrief
1 Thess	1. Thessalonicherbrief
2 Thess	2. Thessalonicherbrief
1 Tim	1. Timotheusbrief
2 Tim	2. Timotheusbrief
Tit	Titusbrief
Phlm	Philemonbrief
Hebr	Hebräerbrief
Jak	Jakobusbrief
1 Petr	1. Petrusbrief
2 Petr	2. Petrusbrief
1 Joh	1. Johannesbrief
2 Joh	2. Johannesbrief
3 Joh	3. Johannesbrief
Jud	Judasbrief
Offb	Offenbarung des Johannes

Bei Randverweisen am Bibeltext:

‖	zeigt Parallelstellen an
+	gibt die Grundstelle oder Stellen an, wo wichtige Begriffe erläutert werden.
↗	verweist auf abhängige, insbesondere ntl Stellen.

ABKÜRZUNGEN

Aq	Aquila	Mur	Murabba^cat
AT	Altes Testament	NT	Neues Testament
atl	alttestamentlich	ntl	neutestamentlich
chr/chron	chronistisch	P	Priesterschrift
D	Deuteronomist	Par	Parallele
diff	im Unterschied zu	par	parallele Stellen
dtn	deuteronomisch	P^g	Priesterschrift, Grundschicht
dtr	deuteronomistisch		
Dtr	Deuteronomistisches Geschichtswerk	P^s	Priesterschrift, Supplemente (Zusätze)
DtrH	historischer Deuteronomist	Pt	Pentateuch
		Q	Qumran-Hss
DtrN	nomistischer Deuteronomist	R	Redaktor
		R^P	letzter Pentateuch-redaktor
DtrP	prophet. Deuteronomist		
E	Elohist	S	Syrische Übersetzung
EÜ	Einheitsübersetzung	Sm	Pt der Samaritaner
G	Septuaginta	Sym	Symmachus
H	hebräischer Text	T	Targum
HG	Heiligkeitsgesetz	Th	Theodotion
Hier	Hieronymus	V	Vers
Hs(s)	Handschrift(en)	VV	Verse
J	Jahwist	Vg	Vulgata
Je	Jehowist	NVg	Neo-Vulgata
J^E	J-Erweiterung	Übs(s)	Übersetzung(en)
korr	korrigiert		
La	Vetus Latina	( )	erklärender Zusatz des Übersetzers
M	Masoretischer Text	[ ]	unechter Text bzw. alte Zusätze

Umschrift der hebräischen Lautzeichen

Aleph	'	Sade	ṣ
Bet	b	Qoph	q
Gimel	g	Resch	r
Dalet	d	Sin	ś
He	h	Schin	š
Waw	w	Taw	t
Zajin	z	Qames	ā
Chet	ḥ	Patach	a
Tet	ṭ	Sere	e, ē
Jod	j	Segol	æ
Kaph	k	Chireq	i, ī
Lamed	l	Cholem	o, ō
Mem	m	Qames chatuph	ò
Nun	n	Schureq	ū
Samek	s	Qibbus	u
Ajin	'	Sch^ewa mobile	e (hochgestellt)
Pe	p bzw. f	Chateph	a, æ, o (hochgestellt)